série 21

série **21**

Brumas do Tibete
Aldo Pereira

PubliFolha

Muita gente, em países ocidentais, evoca o Tibete como país remoto, quase miragem, aquarela de imagens esmaecidas e indistintas, vagamente evocativas de um povo enlevado pela espiritualidade destilada em séculos de isolamento. Essa visão idílica parece ter tido foco original no romance *Horizonte Perdido*, um *best seller* de 1933 escrito pelo autor inglês James Hilton. O diretor Frank Capra transferiu essa ficção utópica para o filme homônimo que, nos anos seguintes ao lançamento, 1937, fixou no imaginário popular a ficção de Shangri-La como representação, com deformações de licença poética, do lendário Tibete.

Este livro modesto não tem nenhuma pretensão de dissipar por inteiro as brumas que resguardam o Tibete da curiosidade mundial. Tibete sempre será assunto fascinante, misterioso e vasto como os abismos de lá. Espero trazer aqui, apenas, elementos suficientes para indicar a falsidade essencial da ideia que fazemos dessa terra. Falsidade reconstruída e explorada por formidável máquina de propaganda e desinformação montada desde 1950, auge da Guerra Fria, com objetivo de desmoralizar a China comunista e sustentar um fator permanente de instabilidade do regime chinês.

O que nos impõe ponderar, então, a questão de este livro e seu autor servirem ao interesse do governo da República Popular da China. Tanto mais que viajei ao Tibete a convite do governo chinês, numa época em que ele não concedia visto a nenhum outro jornalista estrangeiro. E que, durante 24 horas por dia, estiveram lá a meu dispor intérpretes e guias designados pelo *Bureau* de Informação do Conselho de Estado. E ainda que só por especial diligência de funcionários que organizaram minha estada na China e no Tibete foi que pude entrevistar uma seleção de renomados tibetologistas, bem como lamas do budismo tibetano.

Tudo isso sugere viés em favor do governo chinês em seu confronto com os que, dentro e fora do Tibete, contestam direitos de soberania da China sobre essa região e seu povo. Mas não existe tal viés. Qualquer proveito que esta exposição traga para o governo chinês, na medida em que houver, será puramente incidental, decorrência natural da exposição e pertinente inter-relação de fatos, sem nenhum propósito anterior.

Ponto a considerar inicialmente, nesta discussão, é minha discordância quanto a muitos dispositivos da governança não apenas do Tibete, mas de toda a China. O sedimento de minha formação humanista não oferece alicerce, por exemplo, ao monopólio estatal da informação imposto aos chineses.

Além disso, incluo entre crimes históricos contra a humanidade a Revolução Cultural, aquela extraordinária mobilização da juventude por Mao Tsé-tung na década de 1960, com incitações dele não apenas contra a *intelligentsia* chinesa, mas até contra o governo e o próprio Partido Comunista. E como absolvê-lo da morte de milhões de camponeses (em toda a China, não apenas no Tibete, como a propaganda irredentista sugere) causada por privações advindas, em 1958-61, do discricionário programa do Grande Salto para Frente?

Quanto a seu previdente adversário e sucessor, Deng Xiaoping, se a balança o favorece como autor do progresso material desfrutado hoje pela China, não há como aliviar, no prato oposto, o peso da brutalidade homicida com que ele reprimiu as manifestações pacíficas da Praça da Paz Celestial em 1989.

Contudo, o objetivo de minha missão no Tibete não foi buscar elementos de arbítrio na disputa que há mais de 50 anos confronta Pequim e o dalai-lama (este com resguardo confessado de agências do governo dos Estados Unidos). Meu compromisso foi buscar confirmação ou refutação de que este seria mais um caso clássico de manipulação da mídia internacional e, por ela, da opinião pública mundial.

Nunca foi intenção, nem minha nem da *Folha de S.Paulo*, que eu buscasse ali meios de favorecer esta ou aquela parte. Viajei a serviço do jornal, que pagou minhas passagens, minha hospedagem, bem como serviços de transporte e intérpretes durante as semanas que passei em Pequim, Lhasa e outras localidades.

Leitores céticos poderiam conjecturar que o governo chinês montou um teatro persuasivo para me impingir *sua* propaganda e, por meu intermédio, também à *Folha*. Mas teria montado procissões com milhares de figurantes para me ludibriar? Ou restaurado, para esse fim, todos os mosteiros e templos que visitei, estes sempre lotados por devotos? Ou empreendido restauração faustosa do Palácio de Potala para me provar inocência no libelo de "genocídio cultural"? Essas são evidências convincentes de que o governo chinês renuncia, hoje, à brutalidade e ao vandalismo com que reprimiu a religião dos tibetanos, sim, noutras décadas.

O Tibete vive, é inegável, sob regime que em muitos pontos se pode chamar de ocupação militar. Mas nenhum regime toleraria levantes como os de março de 2008 sem aplicar medidas preventivas e dissuasivas apropriadas. O retrospecto histórico expõe como cínicos certos rasgos retóricos do tipo "a China converteu o Tibete num inferno". Teria sido o Tibete algum paraíso quando, antes da revolução comunista, aristocracia e clero oprimiam o povo ignorante, espoliado e desassistido, submetido a regime de escravidão e servidão, com punições horrendas impostas a transgressores e recalcitrantes?

Para ressaltar a complexidade da questão, voltei convencido de que a modernização promovida pela China não tem ganhado "corações e mentes" da maioria dos tibetanos. Tipicamente, eles não se orgulham nada da cidadania chinesa que Pequim lhes concede. E continuam a venerar o dalai-lama como seu deus-vivo e símbolo de sua identidade nacional. O cenário ali, na minha visão, é o de mais uma colisão histórica do iluminismo com o obscurantismo, de modernidade laica com tradição mística. A estabilidade talvez demore décadas.

O que, portanto, busquei, e julgo ter trazido, é a verdade. Não descuidei em nenhum momento do princípio segundo o qual a essência do jornalismo são os fatos. Ninguém vive tanto quanto eu sem ter acumulado sua quota de pecados e remorsos. Mas, entre os meus, ninguém achará um único exemplo de falseamento dos fatos para desinformar o leitor. Foi esta sinceridade que persuadiu o embaixador da China no Brasil, o perceptivo diplomata Chen Duqing, com assistência de seu conselheiro de imprensa, Pan Mingtao, a obter de Pequim permissão para me conceder o visto excepcional. E foi com igual sinceridade e respeito que pude comparar discordantes pontos de vista nos encontros cordiais que tive também com o vice-ministro Qian Xiaoquian e com o vice-diretor-geral do *Bureau* de Informação do Conselho de Estado, Wang Pi Jun.

Contrariado, reconheço ter-me faltado ouvir o dalai-lama, ou credenciado representante que ele se dignasse a indicar-me. Não tive êxito em contatos com o Departamento de Informação e Relações Internacionais do Governo Tibetano no Exílio, nem com o *bureau* do representante do dalai-lama em Nova Délhi. E o pedido que encaminhei diretamente ao secretário de Sua Santidade, Chhime Chhoekyapa Kalsang, nunca teve resposta.

A Terra

Vasta placa tectônica, da qual fazem parte a Índia e a Austrália, vem resvalando há mais de 200 milhões de anos para baixo de outra, que abrange a maior parte da Eurásia, inclusive o Tibete. Enquanto mergulha no magma que recheia a Terra, a placa indo-australiana vai soerguendo a borda sul da placa eurasiática e faz subir a cordilheira resultante da colisão, o Himalaia, junto com o vasto planalto tibetano que se estende do sopé da cordilheira para dentro da Ásia.

Nos últimos 40-50 milhões de anos, esse platô emergiu do oceano para atingir, hoje, altitude média de 4.500 metros, superior à de qualquer outro planalto. Essa origem marinha explica os depósitos de sal subjacentes a certo número de lagos tibetanos e que provêm nutriente essencial para iaques selvagens ou domesticados, além de constituírem recurso extrativo de certa importância econômica para grupos nômades. A par de efeitos combinados de altitude e latitude, esse retrospecto geológico confere ao Tibete condições de clima e solo desfavoráveis à exuberância ecológica que, em contraste, caracteriza o subcontinente indiano.

Frio e seco, o clima é relativamente inóspito. Metade de toda a chuva se concentra no período estival de julho-agosto. Rarefação e secura da atmosfera elevam a radiação luminosa a níveis superiores aos de praias brasileiras. (O rubor facial típico da maioria dos tibetanos é intrigante concomitância do fenômeno.) Outro efeito é a rápida dissipação do calor que o solo acumula ao longo do dia, com resultante resfriamento noturno.

Em vales de menor altitude, onde se situam as duas maiores cidades do país, Lhasa e Xigaze, mesmo nos dias "quentes" de verão a temperatura máxima fica nos 21-22 graus. Já à noite, não importa a estação, é raro a temperatura atingir 10 graus positivos. Exceto nesses vales, com seus invernos de neve escassa, temperaturas abaixo de zero mantêm o solo coberto de gelo em pelo menos metade do ano; noutras partes, essa condição persiste por mais de nove meses. Clima e paisagem, contudo, têm mostrado efeitos do aquecimento global, com retração de geleiras e sucessivos invernos sem precipitação de neve.

Em quase todo o platô, ventos de velocidade superior a 70 km/h sopram com frequência de 30 a 200 dias por ano. Vento e deslizamentos de neve e gelo erodem continuamente montanhas nuas para alargar com silte as pradarias áridas e extensas que as contornam. Na maior parte do altiplano, do centro para o norte, a vegetação arbustiva brota exígua e rasteira nessas campinas, sem uma única árvore à vista.

Exceto para iaques e antílopes, a escassez vegetal limita a fauna herbívora e aviária e, por consequência, toda a cadeia alimentar nativa e a agricultura. Resulta desses fatores, entre outros, baixa densidade demográfica: pouco mais de 2,5 milhões de pessoas habitam a área de 1,2 milhão de km^2 da Região Autônoma do Tibete (tamanho aproximado do Pará, cerca de um oitavo do território da China).

A administração comunista do Tibete tem promovido pesquisas geológicas confirmativas ou reveladoras de importantes recursos minerais, antes negligenciados por ignorância tecnológica e tabus religiosos de inspiração animista (contrários a distúrbios e provocações de espíritos telúricos). Atualmente, o governo vem ampliando ou projetando exploração do potencial energético (hidráulico, solar e eólico), bem como de minérios de importância comercial (ouro, jade, lápis-lazúli) e industrial (ferro, carvão, lítio e bórax).

De significado mais simbólico do que propriamente hidrográfico é o difundido registro de que afloram no Tibete nascentes de alguns dos rios de maior significação histórica e religiosa da Ásia, entre eles Indo e Ganges, que fluem para a Índia; Mekong, que vai desaguar em remoto delta do Vietnã; e Yang-Tsé e Rio Amarelo, com transcurso por toda a China. Embora impolutos no altiplano, a jusante e o adensamento de populações ou os definha por excesso de adução ou os degrada por excesso de esgoto.

Tibetanos referem o Tibete como Pô ou Bô, desde seus primeiros tempos históricos. O nome chinês Tubô, mais abrangente, entrou no árabe como *Tibbat* em meados do século 9, e no francês como *Tibet*. (Pela primeira vez, parece, na narrativa francesa das viagens de Marco Polo pela China no século 13.) Do francês e do inglês, *Tibet* passou ao resto do mundo.

O nome oficial chinês do ex-reino, hoje província chinesa, é Xizang (*xi*= "Oeste"; *zang* é o nome chinês do povo tibetano; o sentido aproximado do nome é portanto "tibetanos do Oeste"). Mas no intercâmbio com ocidentais, quando a linguagem não é oficial, até mesmo chineses preferem o nome internacional, *Tibet*, que nossos dicionários aportuguesaram como *Tibete*.

Povos dos Desertos de Gelo

Evidências arqueológicas indicam presença humana no altiplano Tibete-Qinghai há uns 10 mil anos. Atestam que a atividade agrícola na região remonta a aproximadamente 4 mil anos; e que já então, como hoje, terremotos, altitude, clima e solo inóspitos escasseavam o povoamento. Afora adversidades naturais, também a constância de guerras e outros conflitos devem ter concorrido para rarefazer a demografia da região. Documentos históricos e indícios arqueológicos fazem plausível supor que cada geração de cada comunidade estabelecida no platô tenha vivido sangrentos antagonismos internos ou vicinais.

Exceto bolsões fronteiriços disputados entre China e Índia, o território do Tibete está hoje claramente demarcado, mas o perímetro passou por muitas variações ao longo dos séculos. No apogeu de sua expansão militar, o Tibete abrangia duas grandes províncias, Amdo e Kham, que a China anexou em 1724 e hoje fazem parte da província de Qinghai e de outras. Desde então, denso fluxo migratório tem feito minguar a participação antes majoritária da etnia tibetana nessa região. Ainda assim, em dados estimativos, há menos tibetanos no Tibete (2,6 milhões) do que nas áreas vizinhas que outrora seus governantes colonizaram (cerca de 3 milhões).

Etnias do Tibete

Outro efeito do histórico *ethos* tibetano de belicosidade pode ter sido a diversidade étnica. O expansionismo promovido por monarcas ambiciosos induziu subjugação e extermínio de muitos povos vizinhos. Remanescentes de vencidos constituem parte do complexo mosaico das minorias étnicas do Tibete. Dele fazem parte as etnias deng, drung, hui, lhoba, moinba, mongol, naxi, nu e sherpa, conhecidas também por variados outros nomes. Ao todo, elas representam apenas uns 2% da população do Tibete, sobretudo porque, quase todas concentradas na periferia da província, elas "transbordam" para províncias e países fronteiriços.

Remanescentes talvez de extermínios, migrações espontâneas ou forçadas, ou ainda estiolamento progressivo imposto pela hostilidade ambiental, minorias étnicas do Tibete falam outras línguas (não meros dialetos da norma culta tibetana), observam outros costumes e podem mostrar, mesmo para quem não seja antropólogo excepcionalmente perspicaz, caracteres somatotípicos que contrastam com os de "tibetanos" propriamente ditos. Alguns desses povos são a-históricos: só recentemente é que, assistidos por especialistas designados pelo governo chinês, eles vêm ganhando registro gramatical e tardia expressão escrita para suas línguas.

Duas outras minorias têm crescido nas últimas décadas, por efeito de migrações promovidas ou facilitadas pelo governo chinês: as etnias han (esta constituinte de mais de 90% de toda a população da China) e hui (cerca de 10 milhões de muçulmanos chineses dispersos pelo país). Apesar de os dados serem conflitantes, flutuantes e desatualizados, talvez vivam no Tibete hoje cerca de 150-200 mil chineses han e outros tantos hui. As duas etnias se concentram nas principais cidades da província, sobretudo Lhasa e Xigaze. Também certo número de uigures (islamitas turcomanos) tem migrado de sua vizinha província de Sinkiang para o Tibete, atraídos por oportunidades comerciais e profissionais. Embora por prescrição religiosa não toquem em carne suína, são muçulmanos, na maioria, os magarefes e açougueiros que abatem e retalham iaques, carneiros e cabritos em Lhasa e outras cidades tibetanas. Isto porque, de seu lado, budistas procuram observar sua proibição doutrinária de matar: preferem pagar alguém, de outra religião ou de condição social mais baixa, que se disponha a cometer o pecado em seu lugar.

Portanto, certa ambiguidade semântica tem dificultado ao público ocidental a compreensão cabal do significado de "tibetano". O termo pode denotar "habitante nato do Tibete", como também "residente do Tibete", e ainda "pessoa de etnia tibetana". Nenhuma das três contingências implica necessariamente alguma das outras duas. Como indicado acima, uns 2% dos nativos do Tibete não são de etnia tibetana. Outra confusão, comum na mídia ocidental, advém da falsa oposição tibetano/chinês em termos civis. Todo natural do Tibete é cidadão chinês; nem mesmo exilados portam passaporte tibetano reconhecido por outros países.

Alguns tibetanos vivem a mais de 5 mil metros de altitude. A adaptação hereditária a essa condição extrema tem gerado controversas investigações, hipóteses e especulações antropológicas. Uma das mais plausíveis conclusões é a de pesquisa conduzida por Cynthia M. Beall[1], que comparou a concentração de hemoglobina (proteína condutora de oxigênio) no sangue de tibetanos com a de aimarás (indígenas dos Andes).

Em tibetanos, a concentração de hemoglobina não difere significativamente da de americanos que vivem ao nível do mar, enquanto a dos aimarás mostrou valores 20-25% mais altos. Qual então o "segredo" da adaptação hereditária de tibetanos ao ar rarefeito? Segundo Beall e seus colegas, a diferença está num

---

1 Beall, Cynthia M. *et al.*, *Hemoglobin Concentration Of High Altitude Tibetans and Bolivian Aymara*. Cleveland: Case Western Reserve University, 1998.

fator genético que determina a *saturação do oxigênio transportado* pela hemoglobina arterial de tibetanos, apesar de a concentração desta proteína não se mostrar muito diferente, neste particular, da que é característica da população litorânea do mundo.

Sumaríssima História

A nação tibetana ainda não era letrada quando, ao cabo de milenar sucessão de guerras, o semilendário *tsampo* ("rei") Songsten Gambo (c.617-649) a unificou e expandiu, na primeira metade do século 7. Da rápida consolidação dessas conquistas emergiu o reino que chineses referiam como Tubô, precursor do moderno Tibete. No apogeu, Tubô rivalizaria com a China em extensão territorial e poder militar. Além de louvado pelo talento militar e político, Gambo tem sua memória cultuada por haver estabelecido sua capital em Lhasa, onde construiu o magnífico Palácio de Potala; por ter introduzido na língua tibetana um sistema alfabético de escrita baseado no sânscrito; e por haver patrocinado a primeira tentativa de o budismo se estabelecer no país.

Tibete e China se alternaram na hegemonia sobre a região. Num de seus períodos de superioridade, tropas tibetanas chegaram a ocupar a capital chinesa de então, Changan (hoje Xian, famosa pelo "exército de terracota" escavado ali). Mas, pouco depois da morte de Gambo, em 650, interesses geopolíticos divergentes azedaram as relações sino-tibetanas. Após quatro séculos de conflitos entre si e com vizinhos, afora sucessivas guerras civis, Tibete e China estavam exaustos e vulneráveis, incapazes de resistir à ascensão da Mongólia unificada por Gêngis Khan (1155-1227).

Primeira Sagração do Poder

Para garantir a sujeição do Tibete, Godan, neto de Gêngis Khan, acolheu como refém em sua corte o mais reputado monge tibetano de então, Kunga Gyaltsen (1182-1251), líder da seita budista Sakyapa. Kunga impressionou Godan com sua inteligência, erudição e, principalmente, com o que pareceram ao mongol poderes mágicos. O vínculo entre ambos se consolidou depois de Kunga recorrer à medicina tibetana para tratar certas manchas da pele que afligiam Godan. Curado em 1249, o agradecido Godan não apenas permitiu a Kunga retorno livre ao Tibete, como também lhe outorgou o governo do país.

Em 1253, o então príncipe Kublai Khan (1216-94), primo de Godan, homologou como governante do Tibete o lama Phagba (1235-80), sobrinho de Kunga, o antecessor então já morto. Contudo, entre 1249 e 1579, o exercício do poder temporal no Tibete acabaria determinado por sangrentas disputas, tanto entre seitas budistas quanto entre algumas destas e a nobreza, e também por temporária insubmissão ao domínio mongol, com subsequentes intervenções imperiais. Numa delas, em 1578, o imperador mongol Altan Khan outorgou ao monge Sonam, da seita Gelugpa, o título de dalai-lama. (Ver na página 28 a "Linhagem dos Dalai-Lamas".)

Apesar dessa hegemonia sobre as demais, somente em 1642 é que a seita Gelugpa passaria a exercer o poder absoluto de baixar, executar e fazer cumprir as leis. Naquele ano, o general mongol Gushri Khan completou a eliminação de forças que se opunham à hegemonia da seita Gelugpa no Tibete. Desde então, até 1959, todo dalai-lama conjugaria sua autoridade religiosa com o poder secular de monarca.

Do Alívio ao Sufoco

A partir do século 14, alternâncias geopolíticas afetariam o destino político do Tibete: o declínio do império mongol na China, marcado pela ascensão da dinastia Ming (de etnia han, em 1368) e sucessão da Ming pela dinastia Qing (de etnia manchu, em 1644). Os manchus logo manifestaram sua disposição de tratar o Tibete como parte de seu império. Quando mongóis da tribo dzúngar invadiram o Tibete e saquearam Lhasa (1717), foi um exército chinês (manchu) que os expulsou e entronizou o dalai-lama 7º. O clero tibetano teve preço político e territorial a pagar por essa proteção, porque o imperador manchu Kangxi decretou que, a partir de 1721, um representante seu (*amban*) supervisionaria a governança do dalai-lama. Na mesma época, Kangxi instalou governo próprio em Amdo, com o que se consumava a perda daquela que durante séculos fora a vasta província tibetana.

Outras intervenções assinalariam crescente subordinação do Tibete ao poder imperial chinês, mas a partir de meados do século 19 esse poder se desmoralizou perante irresistível expansão de outro império na Ásia: o altiplano começava a interessar à Inglaterra como base estratégica de acesso ao centro e ao leste da Ásia. Conturbada pela crescente impopularidade e impotência militar, a monarquia chinesa não tinha como conter nem o avanço britânico nem o movimento separatista tibetano.

Em 1904, ingleses invadiram o Tibete e ocuparam Lhasa. Pouco antes, o jovem dalai-lama 13 (1876-1933) buscara asilo político na Mongólia. O humilhante preço da derrota e da evacuação da força britânica foi o compromisso tibetano de indenizar invasores pelo custo da campanha. O Tibete foi também, então, objeto de entendimentos da Inglaterra com a Rússia. Sem nenhuma referência a consentimento chinês ou tibetano, representantes das duas potências declararam que o Tibete seria autônomo, mas não independente, e sim sujeito à suserania (não soberania) da China. Noutros termos, o Tibete estaria sujeito a pagar tributos ao governo chinês, mas este não se intrometeria em assuntos internos do Tibete.

Nas grandes cidades da China, indignação popular com a abjeta sujeição imperial aos ingleses fortaleceu o movimento republicano e levou à derrubada da monarquia em 1911. Instituída a República, imediatamente o novo governo declarou como unidades territoriais chinesas o Tibete e a Mongólia (que Inglaterra e Rússia, respectivamente, tinham esperança de anexar em futuro impreciso).

O Sonho da Independência

O dalai-lama 13, porém, que amadurecera como líder resoluto, viu brilhar nessas águas turvas o fugidio peixe da independência: expulsou representantes do governo central e a pequena guarnição militar que lhe dava cobertura simbólica. Como a nova república chinesa não tivesse como reincorporá-lo a seu território naquela ocasião, a partir de 1913 o Tibete passou a ser independente de fato. Chegaria a ter, no curso dos anos seguintes, seus próprios serviços de correio e telégrafo, bandeira, hino, moeda —e pequeno exército.

A propensão antibritânica do governo republicano chinês levou a Inglaterra a apoiar o Tibete no exercício de seu novo *status*. Treinou seu exército e o reequipou com armas modernas, pagas sem regateio pelo dalai-lama 13. O resultado se mostraria compensador, para ele, logo em 1917, quando forças tibetanas retomaram das chinesas a estratégica cidade de Chamdo, que estas ocupavam desde 1910. Impotente, distraído com a guerra mundial de 1914-18 e ocupado com disputas internas, o governo republicano chinês limitou sua reação a periódicos protestos, ameaças e reafirmações de soberania sobre o Tibete no plano internacional.

Na década de 1920, a guerra civil que desgovernava a China permitiria ao Tibete relativa paz e afrouxamento de rigor na prontidão militar. Mas enquanto se entrematavam, tanto nacionalistas quanto comunistas já tinham declarado intenção de reintegrar o Tibete à "Pátria-Mãe", tão cedo resolvido o conflito entre eles. Governantes tibetanos puderam beneficiar-se dessa temporária desatenção para ocupar-se de questões internas, sobretudo a escandalosa sucessão do dalai-lama 13, morto em 1933. (Ver na página 44 "Deus, Guru, Monarca, *Megastar*".)

O Futuro Conquista o Passado

Logo após terem expulsado os nacionalistas do território

continental chinês, em 1949, os comunistas fundaram a República Popular da China e passaram a consolidar seu poder em todo o país. Contudo, o líder Mao Tsé-tung (1893–1976) considerava que a incorporação do Tibete à China comunista constituiria caso especial. Previa resistência atípica à imposição da doutrina marxista no *ethos* budista-animista-xamanista dos tibetanos.

Assim, ofereceu concessões políticas em troca de sujeição pacífica. Mas quando o governo tibetano passou a contemporizar com a esperança de ajuda internacional, o Exército Popular de Libertação (EPL) ocupou o leste do Tibete, onde rapidamente cercou e capturou a maior parte das tropas tibetanas no outono de 1950. Depois, avançou rapidamente para a região central, mas se deteve a certa distância de Lhasa. Mao fisgara o peixe, mas cumpriria agora o plano de lhe dar linha antes de puxá-lo fora d'água.

Em maio de 1951, uma delegação tibetana resignou-se a assinar em Pequim um documento de rendição eufemicamente redigido como "Acordo de 17 Pontos Para Libertação Pacífica do Tibete". O ponto nº 1 declarava que o povo tibetano retornaria "à grande família da Pátria-Mãe, a República Popular da China". No nº 2, o governo local do Tibete se comprometia a assistir o EPL a "adentrar o Tibete e consolidar a defesa nacional".

No resto do documento, o governo chinês incluiu generosas deferências. Concedia autonomia regional, comprometia o governo central a não alterar "*status*, funções e poderes do dalai-lama" (então com 15 anos), idem quanto ao panchen-lama, e ainda a respeitar "crenças religiosas, costumes e hábitos do povo tibetano". Oblíquas referências à implementação de reformas revolucionárias incluíram duas vezes a expressão "passo a passo".

Mao precisara recorrer a todo o seu prestígio pessoal e à autoridade incontestada de seu comando para persuadir a linha dura do Partido Comunista a fazer tantas concessões. No Tibete, o Kashag (Gabinete) e a Tsongdu (Assembleia Nacional) já haviam antecipado a investidura do dalai-lama na posse de seus plenos poderes, mas, aos 16 anos, ele não podia compreender ainda todas as sutis implicações do processo em curso. Por isso mesmo, não se opôs à política de prevaricação com que o alto clero e a nobreza esperavam burlar o acordo.

Entrementes, a cúpula tibetana dissimularia sua desconfiança e insatisfação. Na visita que fizeram a Pequim em 1954, o dalai-lama e o panchen-lama expressaram positivo interesse nos planos chineses de modernização e reforma social do Tibete. Mas no ano seguinte, quando o governo central começou a implementar tais mudanças na vizinha província de Sichuan, uma rebelião local desviou o curso dos acontecimentos.

Já então o irmão mais velho do dalai-lama, Gyalo Thundrup, articulava na Índia um programa de resistência armada com apoio de agentes indianos e, mais decisivamente, da Agência Central de Inteligência (CIA) do governo americano. Grupos de guerrilheiros treinados, financiados e equipados pela CIA iniciaram operações que culminaram, em março de 1959, com extenso levante em Lhasa. Tropas chinesas debelaram a revolta em menos de 24 horas, mas nesse ínterim o dalai-lama fugira para a Índia, que lhe concedeu asilo político e residência na cidade de Dharamsala, onde reside ainda hoje. Também deixaram o Tibete na mesma época, ou pouco antes ou depois, uns 100-120 mil outros tibetanos. A maioria dos exilados e seus descendentes vivem na Índia; o resto já se dispersou por aproximadamente 40 países.

O Grande Salto Para o Desastre

A princípio, a humilhação imposta ao "deus-vivo" nacional chocou o povo. Mas, à medida que os chineses executavam reformas, as massas começaram a transferir para os novos governantes a lealdade devida antes ao dalai-lama e a todo o clero. Confisco de propriedades rurais (a maioria delas sem nenhum pagamento compensatório aos donos), emancipação dos escravos, anistia de dívidas de servos e camponeses livres, redistribuição de terras e isenção fiscal para os que nelas trabalhavam: tudo isso trazia algum prestígio popular ao regime comunista.

A Revolução Cultural desencadeada em 1966 em toda a China incluiu, no Tibete, brutal repressão religiosa, com destruição de templos e relíquias, bem como perseguição de monges e outros "reacionários". Ainda aí, os comunistas tiveram simpatia e colaboração de muitos camponeses, especialmente os que tinham sido explorados como servos nas propriedades agrícolas de vastos mosteiros. Em alguns deles tinham vivido, no regime dos dalai-lamas, milhares de monges sustentados por servos.

Por tudo isso, nos primeiros tempos seguintes à rebelião, apesar de tensões localizadas, o governo chinês desfrutou de animador apoio popular. Mas a situação se reverteria em 1969, quando o Partido Comunista pretendeu reorganizar a agricultura tibetana no modelo de comunas (cooperativas), com erradicação da livre iniciativa que vinha prosperando na produção e comércio de víveres. O consequente descontentamento explodiu em revolta armada, e persistiu depois de ela ter sido debelada.

Após a morte de Mao, em 1976, a corrente pragmática liderada por Deng Xiaoping (1904-97) prevaleceu sobre o dirigismo comunista. A partir de 1980, o governo central passou a implementar um programa de generosos investimentos em obras públicas e outros importantes benefícios econômicos e culturais, inclusive para o clero. Essa orientação, que em linhas gerais continua hoje, daria aos camponeses e assalariados urbanos do Tibete o mais alto padrão de vida desfrutado por eles em sua história. Mas não dissiparia o sentimento antichinês que se manifestou com violência, sobretudo entre setembro de 1987 e março de 1989, que mostrou outro espasmo em março de 2008 e parece latente desde então, em parte espontâneo, em parte estimulado por dirigidas pressões externas.

Linhagem dos Dalai-Lamas

Entre si, tibetanos em geral se referem ao dalai-lama apenas por epítetos como Yeshe Norbu ("Joia de Conhecimento"), Gelwa Rinpoche ("Precioso Governante") ou Kundun ("Presença"). Quando se comunicam com estrangeiros, usam *dalai-lama* apenas por cortesia ou concessão à clareza.

Dalai (em tibetano, *gyatso*) provém do mongol arcaico, no qual significa "oceano". Alguns autores presumem que conote ideia de "dotado de sabedoria vasta como o oceano". Outros entendem que a conotação seja apenas de grandeza. Nesta interpretação, *dalai-lama* se poderia traduzir como "Grande Mestre" ou expressão de sentido análogo, pois *lama* corresponde a *guru* (termo híndi e sânscrito com significados de "venerável", "ponderado" ou, mais literalmente, "imponente", "pesado", "grave").

Embora membro da ordem, o dalai-lama não é líder formal da Gelugpa, uma das quatro escolas do *budismo tibetano* (a respeito do qual há dados no capítulo "Bon e o Budismo Tibetano", na página 83); o chefe titular da Gelugpa é, por tradição, o abade do mosteiro Ganden. Em alguns períodos da história tibetana, a partir do dalai-lama 5º, dalai-lamas conjugaram poderes temporais de monarca com os sacerdotais. A rigor, porém, somente os dalai-lamas 5º, 13 e 14 exerceram de fato poder temporal continuado.

Origem da Linhagem
Depois do já referido episódio de conversão de Godan Khan pelo sábio lama Kunga Gyaltsen no século 13, teve início uma relação simbiótica entre o clero tibetano e a realeza mongol. Nos três séculos que se seguiram, o clero budista expandiu seu poder político e econômico no Tibete em meio a horrendos conflitos militares.

Os confrontos envolviam forças laicas voluvelmente aliadas às principais ordens budistas, a seitas da mesma ordem e até a mosteiros da mesma seita. Episodicamente, tropas mongóis intervieram, às vezes até para combater entre si, pois diferentes interesses sustentavam mortal hostilidade entre certas tribos mongólicas. Embora mobilizassem servos e nômades, as seitas também engajaram monges em combates, para os quais vários mosteiros treinavam uma categoria de monges-guerreiros, os dabdo (*ldab-ldob*). Ao cabo de uns três séculos de intermitente turbulência, a ordem Sakyapa acabou suplantada pela Kagyupa, e esta, depois, pela Gelugpa.

Antes de alcançar hegemonia por meios militares, a Gelugpa construiu prestígio com rigor doutrinário, reputada produção teológica, disciplina e competente propaganda. A qual, vinculada a patrocínio de abastadas famílias, receita de donativos e produção de servos agregados a suas propriedades, favoreceu a expansão de sua rede de grandes mosteiros, ganhos de prestígio e acumulação de recursos econômicos.

Em 1579, o erudito líder gelugpa Sonam Gyatso converteu ao budismo o imperador mongol Altan Khan (1507-82), que em reconhecimento lhe concedeu o título de dalai-lama. O poder crescente dos dalai-lamas chegou a abranger, até 1959, os de concessão e rescisão de direitos de propriedade (o que tornava o Estado virtual proprietário de todas as terras e recursos naturais do país, com os mosteiros e nobres meros concessionários). Sem limites constitucionais a seu poder, em certos períodos o dalai-lama podia também conceder a mosteiros, por exemplo, o direito de recrutamento compulsório de crianças das famílias de servos subordinadas vitaliciamente a suas respectivas propriedades. No apogeu do regime, cerca de 3.500 mosteiros da

Gelugpa acomodavam meio milhão de monges subordinados ao dalai-lama.

Sucessão Por Reencarnação

Todo dalai-lama, como a grande maioria dos monges budistas, tem compromisso de abstinência sexual, embora a história registre transgressões desse voto, e embora estudos indiquem que o currículo de todo dalai-lama inclui, na formação, copulação cerimonial com parceira submissa *(dakini)* em certos ritos de tantrismo esotérico.

As regras de mandato vitalício e celibato nominal levaram a uma terceira, a da sucessão não hereditária, por reencarnação do monarca. Entre morte dum dalai-lama e entronização do seguinte decorrem necessariamente alguns anos, durante os quais a alta hierarquia de lamas localiza, identifica e educa o menino em que a alma do finado tenha encarnado. Na primeira etapa da busca *(yangsi)*, a comissão discute crípticas indicações legadas pelo morto, como referências veladas que tenha feito em vida a certo lugar, seja na iminência da morte, seja até muito antes.

No processo divinatório, a comissão de lamas também considera augúrios astrológicos e pareceres de videntes, mas sobretudo manifestações do oráculo da corte, o kuten, que então residia no mosteiro Nechung. (Atualmente, o dalai-lama 14 diz que não toma nenhuma decisão política ou pessoal sem prévia consulta ao kuten que o assessora com *status* ministerial em Dharamsala, na Índia. Tipicamente, o oráculo emite seus pronunciamentos durante transe que lembra o de médiuns espíritas.)

Também se crê que a fumaça de dalai-lamas cremados possa apontar a direção a ser seguida na busca. Computam-se na interpretação, ainda, fenômenos naturais como arco-íris ou reflexos no lago sagrado Lhamo Latso, desde que interpretados como extraordinários. (Na crença lamaísta, certa vez a terrível deusa Palden Lhamo, emanação da deusa hindu Kali e guardiã do lago, se apresentou ao dalai-lama 1º e prometeu colaborar com a instituição de reencarnação sucessória.)

A comissão de lamas busca meninos tidos por vizinhos como excepcionalmente inteligentes. Discutidos e reconhecidos todos os indícios e provas, o garoto selecionado como futuro dalai-lama é conduzido então ao templo Jokhang e depois ao mosteiro Drepung, onde um tutor lhe irá prover educação lamaísta. Uma comissão de lamas confere a um de seus pares poderes de regência a serem exercidos até que, ao completar 18 anos, o novo dalai-lama possa assumi-los.

Poderes do dalai-lama incluem titularidade do patrimônio pessoal legado por todos os dalai-lamas anteriores (*labrang*), visto que, tradicionalmente, todo dalai-lama tem direito pessoal a parte da arrecadação tributária. Daí a estimativa de que o dalai-lama 14 já fosse riquíssimo antes de deposto; há, porém, muita especulação e controvérsia quanto ao valor dos fundos que ele teria conseguido transferir para a Índia antes de exilar-se.

Não se sabe de nenhum caso em que a família do menino reconhecido como dalai-lama reencarnado tenha querido negar tutela do agraciado aos lamas que o tenham "descoberto": além de implicitamente compulsória, tal cessão é também honrosa e materialmente muito proveitosa. Ao se outorgar tutela da criança, a alta hierarquia lamaísta providencia ricos estipêndios à família dela, de modo que esta se nivele, financeiramente, à privilegiada classe de proprietários. Além de elevada à nobreza e ao nível social dos grandes proprietários, toda família de dalai-lama tem preservado laços filiais e fraternos com ele, com decorrente e vantajosa influência nos assuntos políticos e econômicos do Tibete.

Também se faz por reencarnação a sucessão de panchen-lamas, que são abades com funções e prerrogativas de "vice-dalai-lamas". Na prática, como o registro histórico indica, esse cânone institucional não tem sido eficaz na prevenção de ferozes disputas pela regência, nem entre regentes e outros aspirantes a posições de prestígio, influência e mando na hierarquia lamaísta.

Para arbitrar conflitos de interesses na sucessão, em 1792 o imperador chinês Qianlong determinou que, havendo mais de um candidato, a eleição de dalai-lamas e panchen-lamas se efetuasse por sorteio. Com tal propósito, presenteou o governo tibetano com uma urna de ouro a ser usada no processo. Os nomes dos candidatos seriam escritos em plaquetas de marfim, e estas colocadas na urna, da qual se extrairia uma delas, ao acaso; o nome nela contido indicaria o eleito.

Os três dalai-lamas até hoje nomeados por esse método, do 10 ao 12, morreram antes dos 21 anos, presumivelmente assassinados por envenenamento. Thubten Jigme Norbu (1922-2008), irmão do dalai-lama, opinou numa entrevista que esses três dalai-lamas teriam sido assassinados ou por tibetanos inconformados com a intromissão chinesa no processo "eleitoral", ou por *ambans* (representantes do governo chinês na corte tibetana) descontentes com o desempenho insatisfatório das vítimas.

Os 13 Primeiros
Dalai-lama 1º – Gedun Truppa (1391-1474)

Confusamente, o dalai-lama 1º não foi o primeiro. Isso porque o dalai-lama 3º lhe conferiu o título, como também ao dalai-lama 2º, anos depois de os dois primeiros terem morrido.

Filho de nômades. Discípulo principal do célebre guru indiano Tsongkhapa. Fundador do mosteiro Tashilhunpo, em Xigaze e, ali, do maior centro de estudos teológicos do Tibete.

Dalai-lama 2º – Gendun Gyatso (1475-1542)
Filho de xamã que convenceu lamas de prestígio a reconhecerem o menino como reencarnação de Gedun Drupa.

Dalai-lama 3º – Sonam Gyatso (1543-88)
O feito mais significativo desse extraordinário dalai-lama foi haver convertido ao budismo não apenas o imperador mongol Altan Khan, mas também incontáveis tribos da Mongólia. Para consolidar a aliança, Sonam prometeu reencarnar na aristocracia mongol. Validando a promessa, altos hierarcas do budismo mongol reconheceram como reencarnação dele e futuro dalai-lama 4º, um bisneto de Altan que se chamaria Yonten Gyatso.

Dalai-lama 4º – Yonten Gyatso (1589-1617)
Sua condição de estrangeiro gerou objeções à legitimidade de seu mandato e decorrentes conflitos armados entre as ordens Kagyupa e Gelugpa. Yonten Gyatso morreu aos 28 anos, provavelmente envenenado.

Dalai-lama 5º – Ngawang Lobsang Gyatso (1617-82)

Nos primeiros anos do século 17, cada uma das duas maiores cidades do Tibete central era capital duma região: Lhasa, a da região de U, no centro; Xigaze, a da região de Tsang, no sudoeste. (O Tibete de hoje é chamado às vezes de U-Tsang.) Em cada uma dessas regiões se mobilizava aliança volúvel de mosteiros, feudos aristocráticos e domínios mongólicos (algumas tribos de mongóis eram aliadas do clero da ordem Kagyupa, dominante em Tsang; outras favoreciam a ordem Gelugpa, que tinha seus principais mosteiros em U). Entre os dois blocos se travava a guerra civil marcada pela barbárie. Era costume, após cada batalha, que o general vencedor mandasse desmembrar e decapitar comandantes vencidos, e enviar as cabeças aos respectivos líderes inimigos. Alternativamente, negavam sepultamento às cabeças, para que as respectivas almas nunca mais reencarnassem.

O desfecho dessa guerra sobreveio com a invasão do Tibete pelo competente, cruel e resoluto general Gushri Khan, comandante de poderosa aliança de tribos mongóis e fervoroso budista adepto da ordem Gelugpa. Ao cabo de 18 meses de campanha, forças de Gushri Khan reforçadas por monges da Gelugpa ocuparam todo o território inimigo. Gushri Khan mandou executar os reis vencidos (encerrados em sacos de couro e a seguir pisoteados por cavalos ou atirados a um rio) e se proclamou rei do

Tibete, título hereditário. Mas, sem inclinação para negócios de Estado, investiu de poderes seculares o dalai-lama 5º. E, como este ainda fosse menor, nomeou regente Gendun Chomphel, hábil e confiável auxiliar.

Quando mais tarde empossado, o dalai-lama consolidou poderes teocráticos do cargo e debilitou precavidamente a ordem Kagyupa mediante confisco de terras, servos e outros bens de seitas da rival derrotada, inclusive mosteiros, um dos quais, o Tashi Zilnon, mandou demolir como sacrílego. Rancores desse conflito subsistem ainda hoje entre líderes da Kagyupa e o atual dalai-lama, embora o pacto de frente única contra a China contenha a discussão aberta desse e de outros descontentamentos que potencialmente dividem as ordens religiosas tibetanas.

Estabilizado internamente seu reino, o dalai-lama 5º anexou reinos vizinhos. Com apropriação de territórios e submissão de seus habitantes, acumulou riquezas que lhe permitiriam reconstruir opulentamente o Potala. Erigiu esse palácio-templo-monumento sobre ruínas de outro, construído mil anos antes pelo rei lendário Songsten Gampo. (A obra seria concluída por Sangye Gyatso, primeiro-ministro e provavelmente também filho bastardo do dalai-lama.)

Ngawang construiu reputação como autor erudito não apenas de comentários budistas, mas também de obras sobre astrologia, história, gramática e literatura. Há várias referências anedóticas a rituais de magia recomendados e praticados por ele como autor de dois livros com esse temário. Na área diplomática, consolidou relações com duas temidas potências militares antagônicas entre si: China e Mongólia. Em sua cota de reveses, sobressaem humilhantes malogros militares em sucessivos esforços de conquistar Butão e Ladakh (então reino independente, hoje incorporado ao território da Índia).

Durante 14 anos, a morte do dalai-lama 5º permaneceu como segredo de Estado engenhosamente guardado por seu primeiro-ministro e filho putativo, Sangye Gyatso. A ausência do monarca era explicada como longo retiro espiritual. Diante da necessidade inescapável de receber certo dignitário mongol, Sangye lhe apresentou, cuidadosamente disfarçado para o bem-sucedido embuste, um homem de atributos físicos semelhantes aos do dalai-lama.

Acredita-se que Sangye tenha sustentado essa pantomima não para se beneficiar de alguma vantagem pessoal, mas sim motivado por desprendido interesse: concluir o Potala para honrar com essa obra suntuosa a memória do dalai-lama morto. O que de certo modo conseguiu, pois a múmia do dalai-lama 5º é hoje a mais venerada relíquia do suntuoso museu.

Dalai-lama 6º – Tsangyang Gyatso (1683-1706)

Menos discreto que seu predecessor em matéria de indulgências carnais, Tsangyang preferia passar as tardes em cavalgadas ou disputas de arco e flecha com amigos e ter as noites alegradas por jogatina, bebedeira, prostitutas de bordel ou jovens cortesãs. Em vez de meditação, ocupava o espírito com a composição de poemas líricos e eróticos até hoje elogiados por críticos e deplorados por moralistas.

Lhasang Khan, neto de Gushri Khan – que assassinara o próprio irmão para se tornar rei nominal do Tibete –, invocou o escândalo como pretexto para ocupar Lhasa em 1705, executar o regente Sangye, depor Tsangyang e entronizar em seu lugar certo Ngawang Yeshi Gyatso, seu filho bastardo. O dalai-lama deposto desapareceu a caminho de Pequim (noutras versões, da Mongólia), talvez assassinado a mando de Lhasang. Hierarcas da Gelugpa recusaram-se a reconhecer Ngawang e negociaram intervenção militar de dzúngares, tribo mongol rival da Tumet, de Lhasang. Em 1717, tropas dzúngares depuseram e executaram Lhasang e Ngawang.

Dalai-lama 7º – Kelsang Gyatso (1708-57)

A aprovação tibetana à intervenção dzúngar de 1717 logo se degenerou em conflito quando os mongóis vingadores passaram a saquear a cidade. O imperador chinês Kangxi, para quem o Tibete era província chinesa autônoma desde os tempos do dalai-lama 5º, expulsou os dzúngares em duas sucessivas campanhas, empreendidas em 1718 e 1720. A alta hierarquia Gelugpa pôde, então, trazer o legítimo dalai-lama 7º de seu distante refúgio em Kumbun para entronização triunfal em Lhasa.

A partir de 1728, por determinação imperial, assumiu o poder temporal certo influente e arrogante aristocrata, Pholhas (ou Pholhanas), que manteve atribuídas ao dalai-lama as funções meramente protocolares que este vinha cumprindo. Novos distúrbios só voltariam a irromper após a morte de Pholhas. O imperador chinês Qianlong restabeleceu a ordem e reorganizou o governo com restauração parcial de poderes do dalai-lama, mas subordinação maior a Pequim.

Dalai-lama 8º – Jamphel Gyatso (1758-1804)

O principal marco histórico do dalai-lama 8º foi ter dado, ou haver permitido, iniciar-se um período caracterizado pela divisão tríplice do poder entre dalai-lamas, lamas regentes e representantes do imperador. Afora essa reforma institucional, Jamphel só deixou como legado notável a indulgente conclusão do palácio de verão iniciado por seu antecessor. Privativo dos dalai-lamas até 1959, o vasto parque que circunda o palácio, Norbulingka, sobressai hoje como uma das mais populares atrações turísticas de Lhasa.

Dalai-lama 9º – Lungtok Gyatso (1805-15)

Historiadores conjecturam que, a mando do regente, ou de algum outro dos detentores do poder na época, alguém da corte tenha matado este dalai-lama por envenenamento, antes de ele haver chegado à puberdade. Na versão oficial, a causa da morte foi pneumonia. O que torna plausível a hipótese de assassinato político é a morte igualmente prematura e misteriosa de três sucessores de Lungtok e os conflitantes interesses de facções tibetanas e do governo central chinês.

Dalai-lama 10 – Tsultrim Gyatso (1816-37)

A morte de Tsultrim, aos 21 anos, não surpreendeu ninguém, já que o jovem dalai-lama era conhecido como pessoa de constituição doentia. Mas, em vista da morte suspeita de antecessores e sucessores seus no período, não é implausível que sua saúde viesse sendo minada por algum tipo de veneno depauperante.

Dalai-lama 11 – Khendrup Gyatso (1838-56)

Este é outro dos dalai-lamas que, por morrerem prematuramente no mesmo período, suscitaram suspeita de maquinações assassinas de regentes e seus cúmplices da época.

Dalai-lama 12 – Trinley Gyatso (1856-75)

Este foi o último dos dalai-lamas que tiveram morte prematura nas disputas pela regência que marcaram a maior parte do século 19.

Dalai-lama 13 – Thupten Gyatso (1876-1933)

Como o dalai-lama 5º, também Thupten Gyatso é honrado entre o povo tibetano com o epíteto de "O Grande". De fato, no balanço de seus feitos e defeitos, ele emerge como estadista astuto e prudente, mas também corajoso e audaz. Em meio ao turbulento episódio histórico dominado por grandes potências, ele conduziu o Tibete à independência de fato em que o país viveria de 1911 a 1950. Tem a seu crédito, ainda, uma política de modernização que em larga medida acordou o Tibete do torpor medieval em que se isolara.

Thupten, que começara a reinar em 1895, se viu vítima de atentado já em 1900, não por envenenamento, mas feitiço: papel com inscrições mágicas, dobrado e inserido na sola duma de suas botas é tido como causa de vertigens e outros distúrbios que o dalai-lama vinha sofrendo. A tortura de suspeitos acabou por identificar número incerto de conspiradores, entre eles o regente, que se suicidaria na prisão.

Todos os réus da conspiração sofreram confisco, exposição em pelourinho durante mais de uma semana, inserção de finas varetas sob as unhas, 300 a 800 vergastadas de vime e outros criativos tormentos antes da execução por afogamento e decapitação do cadáver. (Acreditava-se que negar sepultamento à cabeça condenava a alma do supliciado a vagar enlouquecida no Além, modo de estender a punição além da morte.)

Nacionalista fervoroso, Thupten instituiu a bandeira e o hino nacionais adotados até hoje pelo chamado "Governo Tibetano no Exílio" (GTE). Sabedor da inconformidade da China com a perda do que esta considerava província sua, contratou com a Inglaterra a criação duma escola militar, outra de idioma e currículo ingleses (fechada depois por exigência do clero), e comprou modernas armas inglesas para o novo exército a ser treinado por oficiais japoneses.

A par de popularidade, as reformas impostas por Thupten também lhe renderam muitos desafetos, tanto na nobreza quanto no clero. A intransigente oposição dos mosteiros, que monopolizavam a educação (associada à doutrinação), o fez desistir de abrir escolas públicas. Nobreza e clero, inclusive o panchen-lama, reclamaram do recrutamento militar compulsório de servos, bem como de impostos necessários para custeio de equipamento e treinamento do recém-formado exército de 17 mil homens. Thupten desagradou ainda conservadores ao abolir a corveia (prestação de trabalho gratuito como forma de tributo lançado por mosteiros e senhores de terras sobre os servos) e a pena capital, que até 1898 todo senhor ou mosteiro podia impor a servos mediante, quando muito, irrisória multa ou indenização. Por tudo isso, sua morte aos 58 anos, relativamente prematura para o homem ativo e saudável que era, gerou suspeitas jamais confirmadas de assassinato por envenenamento.

Dalai-Lama 14, Tenzin Gyatso (1935-):
Deus, Guru, Monarca, *Megastar*

Milhões de budistas reverenciam o dalai-lama em diferentes graus de devoção, de deus-vivo ("emanação" de Chenrezig ou Avalokiteshvara) a guru e a líder e propagandista duma causa política – a da rã tibetana na boca do dragão chinês. Mas ele é hoje muito diferente do que era em 1959, quando deixou o Tibete e nunca mais voltou ao lúgubre labirinto do Potala, onde ministros, tutores, presunçosos aristocratas e lamas reverenciados o resguardavam de contato direto com o mundo.

Em 1937, Jetsun Jamphel Ngawang Lobsang Yeshe Tenzin Gyatso, hoje dalai-lama 14, era um garoto de dois anos chamado

Lhamo Dondrub, quinto na prole de 16 duma família camponesa da aldeia de Taktser, na província tibetana de Amdo. Fazia quatro anos que o grande dalai-lama 13 morrera, e não se sabia nem se, nem quando, nem onde ele teria reencarnado. No outono daquele ano, certo ministro tibetano, Langdun, informou a seus pares que, segundo oráculos e outras evidências, o finado dalai-lama teria reencarnado num parente dele.

O regente, Reting, reagiu com ceticismo. Presumivelmente avaliou que Langdun buscava entronizar alguém da família para com isso ampliar prestígio e influência, talvez, quem sabe, até ambições de regência. Reting propôs então que, conforme a tradição, uma comissão de lamas saísse pelo país em busca do dalai-lama reencarnado.

Ele próprio foi ao lago sagrado Lhamo Latso pedir à deusa Palden Lhamo indicações de onde efetuar tal busca. Quando voltou, declarou-se convencido de que o menino buscado nascera na província de Amdo. Pelo que incumbiu de pesquisar a região um aliado seu, o lama Kelsang, que no retorno se disse convencido de o dalai-lama estar reencarnado em Lhamo Dondrub. O parecer dividiu o ministério, mas Reting e seus aliados prevaleceram.

Passados alguns anos, Reting deveria conferir *status* de noviço ao menino, mas hesitava. Como secreto amante da própria cunhada, corrompera seu voto de castidade com fornicação agravada por incestuoso adultério. Transmitir voto de castidade ao novo dalai-lama seria sacrilégio que iria expô-lo à deposição e coisas piores. Em vista disso, Reting optou por um retiro espiritual, durante o qual a regência seria exercida interinamente por Taktra, idoso mestre seu.

Mas quando Reting pediu de volta o cargo, em 1945, Taktra recusou. Logo depois, partidários de Taktra acusaram Reting de planejar atentado a bomba contra ele. Milhares de adeptos de Reting, entre leigos e monges dos mosteiros Sera e Reting, iniciaram então aberta revolta. Não se conhece o número de mortos nos enfrentamentos que duraram duas semanas e que incluíram bombardeio de Sera pela artilharia do governo.

Ao cabo de alguns dias, forças de Taktra venceram e conduziram Reting ao calabouço do Potala para torturas seguidas de misteriosa execução. Segundo depoimento atribuído ao dalai-lama 14 por Thomas Laird no livro *The Story of Tibet: Conversations With The Dalai Lama* (*História do Tibete: Conversas Com o Dalai Lama*, 2007), há duas versões para o modo como se deu a morte de Reting. Numa delas, os carrascos o teriam sufocado com um *hada* (xale protocolar de seda) entalado à força garganta abaixo. Noutra, a causa teria sido hemorragia advinda da castração que lhe impuseram, supostamente para puni-lo pela incontinência sexual.

Emancipação Prematura

Abria-se aí embaraçosa questão da legitimidade do dalai-lama. Reting confessara haver fraudado o reconhecimento de Lhamo Dondrub como reencarnação do dalai-lama 13. Mas ninguém ousou propor outra busca, superar costumeiras divergências do processo e instruir outro menino. Tudo isso demandaria talvez uns 20 anos. Os hierarcas concluíram que as circunstâncias não lhes concederiam todo esse tempo. Os comunistas estavam prestes a vencer a guerra civil na China. Vacância do trono do dalai-lama facilitaria a eles extinguir a linhagem hierática e erradicar o budismo, como decerto pretenderiam.

Politicamente, portanto, melhor um dalai-lama de autenticidade duvidosa do que nenhum. Essa conclusão se confirmaria em outubro de 1950, logo após as primeiras derrotas facilmente impostas ao exército tibetano pelas forças chinesas: os hierarcas do Potala anteciparam a maioridade legal do dalai-lama, que em novembro, com apenas 15 anos, assumiu poderes absolutos de chefe de Estado e de governo do Tibete.

Mais Tutoria

Nos primeiros anos seguintes à rendição, a elite tibetana e autoridades chinesas comissionadas no Tibete mantiveram compostura em suas relações. O jovem dalai-lama (então com 19 anos) retribuiu a aparente benevolência de Mao com espontâneo poema de louvação:

> Ó chairman *Mao!*
> *Seu brilho e seus feitos são como*
> *os de Brahma e Mahasammata,*
> *criadores do mundo.*
> *Somente de infinito número de bons cometimentos*
> *pode nascer tal líder,*
> *que é como o Sol brilhante sobre o mundo.*
> *Seus escritos são preciosos como pérolas,*
> *abundantes e poderosos como a maré cheia do oceano*
> *atingindo as bordas do céu.*

(No hinduísmo, Brahma é o criador do universo; Mahasammata é o monarca criador da ordem legal, ou Estado, e ancestral de Buda.) Essa rapsódica relação, porém, já se deslocava para o desastre. A revolução comunista expandia por toda a China reforma agrária e abolição de privilégios clericais e aristocráticos. Fácil prever que atingiria o Tibete central.

Já em 1951, um irmão do dalai-lama, Thubten Jigme Norbu, fugira para os Estados Unidos, aonde fora trabalhar para a CIA. Sua função seria colaborar na articulação, custeio, treinamento e suprimento duma guerrilha antichinesa dentro do Tibete. Em sua autobiografia *Liberdade no Exílio*, o dalai-lama alega que em meados da década de 1950 ele ainda desconhecia as atividades de Thubten e de outro irmão, Gyalo Thondup, que se juntara ao primeiro.[2]

O que ele não tinha como ignorar eram os efeitos dessas atividades: emboscadas, escaramuças e atos de sabotagem da guerrilha tibetana. O conflito atingiu seu ponto crítico em março de 1959, quando fervoroso levante popular e clerical eclodiu em Lhasa, inflamado por falsas notícias de que militares chineses teriam prendido o dalai-lama. O exército chinês reprimiu os distúrbios, mas na confusão o dalai-lama fugiu para a Índia. Há indícios não confirmados de que Mao teria ordenado ao exército não interceptar o fugitivo.

Metamorfose

O governo indiano oficializou asilo político ao dalai-lama e acompanhantes, e abriu a fronteira a milhares de outros refugiados. A diáspora de exilados e seus descendentes totaliza hoje 8 mil pessoas residentes em Dharamsala, 80-90 mil nou-

---

[2] Declaração transcrita no artigo "CIA Gave Aid to Tibetan Exiles in '60s, Files Show", de Jim Mann, jornal *Los Angeles Times*, 15/9/1998.

tros lugares da Índia e mais 30-40 mil em cerca de 40 outros países.

O interesse primário dos governos da Índia e dos Estados Unidos, contudo, estava no engajamento do dalai-lama na Guerra Fria, especificamente em retardar a consolidação do poder comunista na China e sua propagação na Ásia.

Especialistas americanos em política internacional e relações públicas empenharam-se em reformar o tacanho entendimento que o dalai-lama tinha do mundo. Ele cooperava. Viciou-se, segundo ele próprio, na leitura das revistas americanas *Life* e *Time*, bem como na audição diária de noticiários e comentários da BBC. Na área de propaganda e relações públicas, especialistas procederam a radical reforma de sua imagem pública. Dali por diante sua roupa deveria ser sempre o hábito de monge; nunca mais ele se deixaria fotografar nos régios brocados dos trajes de gala usados antes nas visitas à China e noutras cerimônias.

A aura de espiritualidade deveria eclipsar a de chefe político, embora nesse ângulo a imagem oferecesse algum problema: politeísmo, reencarnação, astrologia, vidência e outras particularidades do budismo tibetano conflitam com as crenças da maioria dos cristãos do Ocidente. Solução: cristianizar a imagem. A adoção do título honorífico "Sua Santidade" insinuava equiparação, em matéria de autoridade espiritual, com o então popularíssimo papa João 23 (1881-1963). Pregar "compaixão" igualaria a religião budista à cristã, na medida em que esse valor (autenticamente budista) correspondesse à proposição cristã de caridade.

No plano midiático e institucional, a metamorfose se mostraria ainda mais espetacular. Meio século atrás, o dalai-lama aparecia em esporádicas notas internas de jornais do Ocidente. Já nas últimas décadas, sobretudo desde 1989, quando o Comitê do Nobel da Paz o elegeu como premiado do ano, ele tem explodido na televisão, em capas dos mais lidos periódicos e na internet. Dirigentes de algumas das mais influentes nações o têm recebido e endossado sua causa. Universidades o diplomam e homenageiam, Hollywood o glamoriza, celebridades o aclamam.

Juristas indianos e americanos escreveram para o GTE uma constituição (que o Tibete nunca tivera) de modelo democrata-liberal. Mas a projeção do novo dalai-lama e do novo Tibete requeria fundos. Não que o dalai-lama desse algum sinal de penúria. Segundo autoridades chinesas, ele e sua corte haviam tido precaução de, meses antes, transferir quantidade não sabida de ouro e prata para o pequeno reino aliado de Siquim (então protetorado da Índia, que o anexaria como Estado em 1975). Segundo a revista *Peking Review* (hoje *Beijing Review*), parte desse ouro seria sobra da campanha que o dalai-lama lançara em 1956 para arrecadar pedras preciosas e ouro para o novo trono.[3]

Essa versão nunca teve confirmação independente. Mas no início de 1960 o governo indiano autorizou transferência aérea de carga não discriminada, de Siquim para Calcutá, importante centro financeiro indiano. A então vice-secretária de Relações Exteriores da Índia, Lakshmi Menon, admitiu na época que os volumes entraram no país sem pagamento de impostos nem vistoria alfandegária.

Afora supostos meios próprios, o dalai-lama logo passou a dispor de estipêndio pessoal de 15 mil dólares mensais pago pela CIA, que também contribuiria com cerca de 1,7 milhão por ano para custeio de atividades que incluíam ação guerrilheira antichinesa no Tibete. Nem parece tanto no câmbio de hoje, mas na época o dólar tinha poder aquisitivo vinte vezes maior do que tem hoje. O aporte, reduzido a 1,2 milhão em 1968, duraria até 1974.

Memorandos oficiais do governo dos Estados Unidos dizem: "[...] a Agência [CIA] começou um programa de base política mais ampla com os exilados tibetanos. Este incluía trazer

---

3   Anna Louise Strong, *When Serfs Stood up in Tibet*, pp. 166-7; *China Daily*, 18/3/2009, p. 9.

133 tibetanos aos Estados Unidos para treinamento em técnicas de política, propaganda e [ações] paramilitares; continuar o subsídio de apoio à corte do dalai-lama em Dharamsala, Índia; continuar o apoio à guerrilha baseada no Nepal; redirecionar parte da guerrilha desarmada para treinamento adicional na Índia [...]; subsídio ao dalai-lama [naquele ano]: $180 mil [...]; durante 1967, o dalai-lama começou o que, espera-se, seja um programa de longo prazo de projetar sua própria pessoa e temas tibetanos em base internacional [...]. Total: $ 1.735.000".[4]

O governo americano continua a canalizar fundos para a causa tibetana por meio de outras instituições como o Escritório de População, Refugiados e Migração (órgão do Departamento de Estado) e a Fundação Nacional para a Democracia (nome oficialmente traduzido da National Endowment for Democracy, NED). Juridicamente, a NED não é agência do governo americano, mas recebeu 80 milhões de dólares do Tesouro dos Estados Unidos no ano fiscal de 2009. Tipicamente, todo o dinheiro convergido para Dharamsala mistura destinações caritativas, culturais, religiosas, políticas e outras. Toda essa complexa operação deu espetacular resultado de autoalimentação para a campanha: quanto mais fama e prestígio do dalai-lama, maior o aporte de recursos

---

4 http://www.state.gov/www/about_state/history/vol_xxx/337_343.html

financeiros provenientes do número crescente de entidades tecnicamente não lucrativas, afora donativos de ricos e generosos simpatizantes (contribuições dedutíveis do imposto de renda).

Um exemplo é a Tibet House de Nova York, criada em 1987, a pedido do dalai-lama, pelo ator Richard Gere, pelo prof. Robert Thurman, pai da atriz Uma Thurman, e duas outras pessoas. (Thurman renunciou ao cristianismo na juventude, peregrinou pela Índia e estudou budismo com o dalai-lama, que o ordenou monge; poucos anos depois, Thurman renunciou ao monacato, aderiu ao movimento *hippie* liderado por Timothy Leary pró-liberação de psicotrópicos, apaixonou-se pela mulher do líder e acabou por desposá-la pouco depois de ela ter enviuvado.)

Associados da Tibet House de Nova York pagam anuidades de 35 a 10 mil dólares. A organização colabora com similares afiliadas noutros países. Todas conjugam atividades comerciais (venda de amuletos, livros, bijuteria, promoção de eventos) com as filantrópicas que lhes valem subsídios oficiais.

A diáspora tibetana tem sido particularmente ativa no levantamento de fundos para custeio de suas atividades, inclusive na internet. Numerosos *sites* vendem relíquias, amuletos, pôsteres, ídolos e preparações de alegados poderes mágicos e curativos.

Pessoalmente, a ação do dalai-lama no plano espiritual não o descuida do material. Em novembro de 2007, ele apurou

82 mil dólares ao leiloar pela internet um velho Land Rover 1966. O lance vencedor dava direito a três dias de estudos budistas com o dalai-lama em pessoa, além de encontro pessoal e jantar (apenas para discussão de temas espirituais) com a *sex symbol* Sharon Stone, que arrulha seu pregão em www.ebay.com/dalailamalandrover.

Este, porém, não foi o mais embaraçoso resultado da busca de fundos para o GTE. Em março de 1995, membros da seita apocalíptica iogue-budista Aum Shinrikyo ("Doutrina da Verdade Suprema") mataram 12 pessoas e lesaram o organismo de mais de 5 mil outras com liberação de mortífero gás sarin no metrô de Tóquio. (Sarin, nome que o *Houaiss* e o *Aurélio* dão como de origem obscura, é sigla derivada de iniciais dos nomes de quatro cientistas alemães que formularam o gás em 1938.) Em 2004, um tribunal japonês condenou à morte como mandante do atentado o fundador e líder da seita, Shoko Asahara (nascido Chizuo Matsumoto em 1955). Recursos judiciais têm retardado a execução.

Já em 1995, a repercussão do caso incluiu informação de que Asahara tivera encontros privados com o dalai-lama. Foto de ambos, lado a lado e sorridentes, parecia confirmar a constrangedora informação. Segundo os semanários alemães *Stern* e *Focus*, Asahara e o dalai-lama se encontraram pelo menos cinco vezes. *Focus* citou correspondência datada de 1989 na qual o dalai-lama aceita e agradece donativos pagos por Asahara e elogia a Aum. *Stern* denunciou que, mesmo depois do atentado, o dalai-lama teria se referido a Asahara como "amigo, embora não necessariamente perfeito". Mais comprometedor, no contexto, era ainda outro documento segundo o qual Asahara tinha doado 100 mil dólares ao GTE em 21 de janeiro de 1989.[5]

Megastar

O dalai-lama tem lotado estádios onde milhares de pessoas têm pagado de 35 a 300 dólares por assento – e por dia – para ouvi-lo em seminários e homilias. O estrelato tem sido poderosamente impulsionado por filmes como *Sete Anos no Tibete*, estrelado por Brad Pitt, e *Kundun*, dirigido por Martin Scorcese, com a colaboração de renomados budistas de Hollywood. São dois filmes implicitamente adulatórios e historicamente enviesados. ("Os tibetanos têm praticado não violência por mais de mil anos", declara *Kundun* na abertura.)

O dalai-lama apareceu na capa da revista parisiense *Vogue*, que o apresentou como "editor convidado" da edição especial de dezembro de 1992. Nunca se revelou o valor do que lhe pagaram por tal suposto serviço. (A editora ainda vende, a 150 dólares ca-

---

5 *Focus*, nº 38, 18 de setembro, 1995. *Stern*, 28 de maio de 1997.

da, exemplares avulsos dessa histórica edição.) Essa concessão comercial à frivolidade burguesa suscitou manifestações de estranheza e sarcasmo comparáveis às da aparição de seu rosto em cartazes e outros veículos publicitários da Apple. "Prêmio Nobel da Paz", escarneceu um dos críticos na revista zen *Shambala Sun*, "encarnação humana de Avalokiteshvara, bodisatva da Compaixão, símbolo de tudo que não é cobiça, desejo desenfreado e insensato materialismo. [...] Na próxima vez, talvez eu compre um Macintosh."[6]

O dalai-lama 14 em anúncio da Apple. O cachê (de valor não revelado) foi pago ao Dalai Lama Trust Fund, instituição que declara entre suas finalidades, além das filantrópicas e humanitárias, "meios de apoiar o trabalho de ativistas tibetanos e novas formas de ativismo em muitos campos".

---

6 Todd Stein, "Zen Sells: How Advertising Has Co-opted Spirituality", *Shambala Sun*, novembro 1999.

Quanto ao Nobel da Paz, detratores lembram que em 1989 predominou no sentimento da opinião pública mundial o traumatizante conflito na Praça da Paz Celestial, em Pequim. A foto do herói anônimo que detém coluna de tanques unicamente com a força moral de sua postura vale um bilhão de palavras. Intencionalmente ou não, o Nobel de 1989 usou o dalai-lama para expressar a repulsa do Ocidente à brutalidade com que o governo chinês reagiu a manifestações pacíficas em favor de reformas institucionais.

O Nobel da Paz é a mais preciosa joia no relicário de honrarias do dalai-lama, de onde se sobressai dentre condecorações e dezenas de títulos acadêmicos conferidos por mais de 30 países, inclusive doutorados honoríficos de duas universidades federais brasileiras, de Brasília e do Rio. A Medalha de Ouro com que o Congresso dos Estados Unidos o agraciou em 2007 é a mais valiosa condecoração que parlamentares americanos podem conferir a um civil.

Mas quem acompanha relações entre o dalai-lama e mandatários americanos verá na honraria um dividendo de muitos anos de investimento em laborioso e perseverante *lobby*. Michel Barrier, militante comunista francês, notou que, sabedores da influência da comunidade judaica no Congresso dos EUA, marqueteiros do dalai-lama inseriram no discurso dele aos congressistas, em setembro de 1987, subliminares referências ao mais sensível ponto do *ethos* judaico moderno: o Holocausto ("...o *holocausto* infligido a nosso povo..."). No mesmo discurso, a acusação de que a política de imigração de não tibetanos no Tibete visa forçar "uma *solução final* ao problema tibetano". Ou, também, em discurso de 1991 aos parlamentares: "[...] em nome de *seis milhões* de tibetanos [...]". Sem falar em inúmeras referências ao "*genocídio* cultural" imputado à China. Todos esses termos grifados são frequentemente referidos na literatura judaica contemporânea.

Nos últimos anos, contudo, o astro tem perdido um pouco da luz própria, seu brilho intermitente refletindo clarões provindos de eventos que não controla (protestos irredentistas no Tibete) e lantejoulas midiáticas (de celebridades de Hollywood, do casal Sarkozy-Carla Bruni). Vez por outra, na mídia, cintila algum prenúncio do *show* definitivo, quando abalos na saúde afloram como lembretes de mortalidade.

O próprio dalai-lama tem dado indicações de como lhe parece impraticável, nas condições modernas, o povo tibetano preservar o processo sucessório tradicional. Mas parece inseguro quanto ao que instituir em lugar da obsoleta linhagem teocrática, com seu hiato de 20 anos interposto entre descoberta e entronização de sucessor. Já sugeriu que talvez tenha chegado o tempo de abolir o dalai-lama como figura institucional. É posição que parece sincera em vista da evidente ocidentalização de sua identidade neste meio século de exílio.

Quanto à reencarnação, em 1991 ele chegou a admitir que muitas vezes se pergunta se de fato acredita em tudo isso, embora sua formação budista o faça crer nalgum tipo de ligação com seus antecessores. Embora também admita crer, de vez em quando, que a reencarnação lhe daria oportunidade de garantir que o *show* deve continuar.

Alguns Costumes Tibetanos
Casamentos Tibetanos

Mais de 90% de casamentos tibetanos são monógamos. Em cidades como Lhasa, Xigaze ou Gyantse, tem crescido nos últimos anos a influência de modernos costumes ocidentais, como os jovens decidirem seus casamentos com interferência meramente marginal dos pais. Também o divórcio se tornou mais comum e descomplicado. Já em áreas rurais, porção minoritária do povo ainda pratica poligamia – poliginia ou poliandria –, sancionada por permissões especiais da lei chinesa.

Ninguém se casa em templo. Monges participam da cerimônia, mas não para oficiá-la, e sim para lhe acrescentar solenidade religiosa (paga) com leitura de sutras, bênçãos e cânticos.

Na maior parte do tempo, o que mais se ouve é música de ritmo internacional. No vestuário de noivos e convidados é crescentemente mais comum o uso de roupas ocidentais em lugar de modelos tibetanos típicos. E se bebe mais cerveja Budweiser que o tradicional vinho de cevada.

Já em aldeias e entre grupos nômades persistem tradições. Em razão da diversidade étnica, também os costumes podem variar quanto a casamento, quer o termo se refira à instituição quer à cerimônia. E, dentro de cada etnia, como em geral noutras sociedades, condição econômica das famílias também determina diferenças nos dois sentidos (institucional e cerimonial).

Em geral, toda moça tibetana de família tradicional se torna núbil por volta de 15-16 anos, depois de algum rito de passagem correspondente ao *début* da burguesia ocidental. Na tradição, ela passa a usar o avental de listas horizontais coloridas que faz parte da indumentária feminina típica do Tibete. Os jovens se conhecem em festivais religiosos e outros eventos. O grau de intimidade amorosa dos namorados varia muito, mas, dizem, de modo geral não é mais inibido do que na sociedade moderna. Mesmo assim, gravidez pré-conjugal é um tanto rara, embora não estigmatizante.

Uma vez celebrado o matrimônio, a exiguidade econômica pode levar o jovem casal a residir com a família do noivo, ou, inversamente, este ir morar com os pais da noiva. Já nas cidades e áreas onde o desenvolvimento econômico tem elevado a renda individual dos noivos, a opção moderna é a moradia independente.

Famílias monogâmicas típicas do interior adotam divisão patriarcal de encargos: o marido se incumbe de finanças, sustento e proteção da família; a mulher se ocupa de afazeres domésticos e da criação dos filhos, além de tarefas de maior significação econômica, como colheita, extração e preparação de alimentos, ordenha e outras lidas com animais de criação, produção e manutenção de roupas. Pai e mãe encarregam filhos, já antes da adolescência, de tarefas auxiliares como pastoreio e cata de estrume. (Em regiões desprovidas de lenha, esterco seco é valioso sucedâneo do carvão vegetal.)

Poliginia e Poliandria

Antes da revolução comunista, o extenso recrutamento de meninos por cerca de 6 mil mosteiros desfalcava nuns 20% a população masculina habilitada a casar. Esse desequilíbrio demográfico favorecia a prática da poliginia. (A qual, contudo, por conveniências explicadas adiante, já era comum na nobreza antes da introdução do budismo e do celibato clerical.)

Tipicamente, uma família poligínica pode ter início com casamento tradicional. A adição subsequente de outras esposas é informal. Muitas destas são irmãs mais novas da primeira esposa que, chegadas à adolescência, acabam seduzidas ou estupradas pelo cunhado e que, se já não coabitam com ele, vão acomodar-se ao novo *status* de cunhada-esposa. De fato, esse é o tipo mais comum de poliginia tibetana.

Onde se pratica o levirato (casamento obrigatório com viúvas do irmão, costume citado na *Bíblia* como dever religioso de antigos judeus), todo homem está sujeito, ainda que a contragosto, a ter o serralho duplicado em caso de morte dalgum irmão. Há registro de essa obrigação se estender a outras viúvas, como madrastas e tias não consanguíneas, embora apenas para preservação de *status* respeitável para elas. Caso respectivas filhas acompanhem a nova esposa, o homem poderá acrescentá-las ao harém, se já forem púberes ou quando vierem a sê-lo.

Excetuado o período em que o governo comunista tentou coletivizar a agricultura tibetana nas décadas de 1960-70, a posse da terra no Tibete, como na maior parte do mundo, tem sido hereditária. Na história tibetana, direito de herança era privilégio masculino. Daí a poliandria fraterna – casamento de mulher com vários irmãos – ter sobrevivido à reforma agrária comunista, ainda que apenas em comunidades interioranas.

A instituição se provou eficaz na facilitação de partilha de propriedades rurais transmitidas por herança na linhagem masculina. Benfeitorias, produção vegetal da terra, proveito do gado pastoreado nela, todo o rendimento da propriedade podia ser auferido pelos irmãos em escala econômica mais lucrativa do que se cada um deles formasse família para explorar uma fração da propriedade. Além disso, o regime tradicional de tributação tornaria o fracionamento mais oneroso, já que os coletores cobravam imposto por propriedade, não por pessoa. Por isto, até metade do século 20, condições sociais favoráveis à poliandria prevaleciam sobretudo na classe dos aristocratas proprietários.

Há casos em que os maridos não são irmãos, mas apenas amigos ou sócios interessados em partilhar cooperativamente uma propriedade. Inversamente, havendo consentimento geral, algum outro parente dos maridos pode se tornar um destes. Há registro de casamentos poliândricos em que um dos maridos é pai dos demais. (Partilha de esposa por pai e filho é tão comum na poliandria quanto partilha de marido por mãe e filha é comum na poliginia.)

Num, entre vários outros arranjos práticos, a esposa indica sua disponibilidade sexual e qual o parceiro admitido por meio de tabuleta ou algum outro sinal deixado na porta do quarto privativo a que ela tem direito. Em vista da dificuldade de se determinar com certeza a paternidade de cada criança, o mais velho dos maridos é o pai nominal da prole, mesmo quando não de fato.

Homem que participa de casamento poliândrico às vezes tem ligação informal com mulher solteira, manteúda à qual ele provê sustento também para filhos que tenha com ela, mas que ele não reconhece como seus. Estes, portanto, não têm direito, de co-herdeiros da propriedade do pai: são como filhos de pai desconhecido.

Em contraste, mulheres com três ou quatro maridos tendem a ser mais admiradas que as monógamas. Há pouco mais de dez anos, um pesquisador observou que em certa região da província de Sichuan (limítrofe do Tibete, e onde vive uma comunidade tibetana), era costume tais mulheres usarem no cabelo um grampo de prata para cada marido. Ostentação de *status*.[7]

Antropólogos tendem a aceitar como plausível a estimativa de que a poliandria representasse uns 20-30% dos casamentos em meados do século 20. Revolucionárias ou evolucionárias, porém, as mudanças parecem estar conduzindo todas as formas de poligamia a uma extinção tão rápida que nenhuma estimativa atual consegue aceitação geral como plausível. Sem dizer que as variações regionais são enormes.

---

7 *China Tibetology Magazine*, **n° 5**.

"Sepultamento no Ar" e Outros Funerais

Não há cemitérios no Tibete. Embora mais variados do que em qualquer outra parte do mundo, os costumes funerários tibetanos parecem orientados para eliminar, não preservar, remanescentes corpóreos da pessoa morta. A menos, contudo, que ela seja de condição social elevada, sobretudo na hierarquia clerical: panchen-lamas e outros hierarcas do budismo tibetano têm sido cremados, e suas cinzas preservadas em estupas. E as estupas do Potala preservam múmias de dalai-lamas. (Estupas são estruturas cônicas e ocas para resguardo de relíquias.)

Apesar de variantes, o processo de embalsamamento começa por evisceração e meticulosa limpeza do cadáver, seguida de seu atufamento em sal. Altamente hidrófilo, o sal absorve quase toda a água do corpo. Embora menos que noutros tempos, sal encharcado de fluidos do corpo de dalai-lama ainda é "princípio ativo" de fórmulas farmacêuticas (*duntsa*) às quais se atribuem miraculosas propriedades curativas e exorcísticas.

Para anular algum aversivo odor remanescente, o cadáver é imerso depois em cerca de meia tonelada de ervas medicinais, preservativas e aromáticas. Antes da acomodação definitiva, o corpo ressequido é impermeabilizado a ouro. Isto é, revestido por delgada película de ouro laminado.

Já o tibetano comum que morre na região de Lhasa tem primeiro o corpo eviscerado e esquartejado; o esqueleto, depois de descarnado, é moído a golpes de marreta e pesada pedra (usada no esmagamento do crânio). Um carniceiro investido de poderes rituais, o *tomden*, e seus auxiliares, em geral dois, se incumbem do "sepultamento no ar" (*jha-tor* ou "dádiva aos abutres"); isto é, de levar o cadáver a ser comido por abutres.

O *tomden* conduz a cerimônia em lugar sagrado que a maioria das pessoas evita frequentar, nos arredores da cidade. O ato começa com a queima de incenso de zimbro a alguns metros de onde o corpo será trabalhado. Abutres avistam e reconhecem, de longe, a fumaça que sobe rápida no ar frio. Logo, centenas deles convergirão para o lugar. Comportamento condicionado, dirá o psicólogo. Muita gente crê, porém, que espíritos conjurados pela queima do incenso convocam abutres para a cerimônia.

Enquanto estes não chegam, o *tomden* começa a trabalhar o cadáver debruçado numa laje de pedra. À medida que desmembra o corpo, atira pedaços aos auxiliares, que os vão moendo a golpes de marreta para reduzi-los a pasta. Esta será misturada a farinha de cevada torrada, possivelmente para facilitar aos abutres a deglutição da mistura. O *tomden* esmaga o crânio a golpes de pesada pedra, desferidos enquanto murmura uma prece. Esse é o único momento em que ele e seus auxiliares não conversam; nos outros, esses homens dessensibilizados pela rotina do ofício chegam a rir enquanto trabalham.

Restos que os abutres rejeitem serão incinerados depois, e a cinza terá de ser esparzida no campo. Rejeição volumosa será interpretada como sinal nefasto que irá exigir esconjuros oficiados por lamas. A cerimônia com abutres dura em média cerca duma hora.

Mas os preparativos levam dias, e começam antes mesmo de a pessoa morrer. A preparação do agonizante, inclusive cantoria e recitação de sutras, segundo lamas, terá efeito de atenuar o apego à vida e, assim, facilitar desprendimento da alma. Para isso, por exemplo, o moribundo deve comer um bloco prensado de ervas misturadas com cinzas de cabelo e unhas dalgum "Buda Vivo" (reencarnação de bodisatva, isto é, religioso que, embora qualificado para o nirvana, prefere manter seu espírito envolvido em assuntos profanos ao longo de sucessivas reencarnações, para neles operar atos beneficentes).

Consumada a morte, um ou mais monges (dependendo de quanto a família possa gastar com o rito) deverão oficiar cerimônia propiciatória do desprendimento da alma (*namshe*) do defunto pelo topo do crânio. (Sem essa precaução, garantem eles, a alma deixaria o corpo pelo ânus e, por consequência, cairia no inferno.) A partir daí, ninguém terá permissão de tocar o corpo, que deverá permanecer no leito em que tiver morrido, rosto coberto por lenço branco, até que xamã, adivinho ou vidente determine data e hora propícias para o "sepultamento".

A maioria dos tibetanos valoriza e prefere o "sepultamento no ar" como costume solene e digno, favorecedor de rápida reencarnação. Tal preferência se concentra, porém, entre habitantes das planícies desprovidas de árvores e de grandes rios. Já noutros lugares da província, tradições e condições locais determinam alternativas. E estas, tanto quanto o "sepultamento no ar", conjugam crenças budistas com outras, mais antigas, do bon, religião que precedeu o budismo no Tibete.

Em áreas do sul e do leste, por exemplo, começam florestas alpinas, semitropicais e até tropicais. Dessas matas se pode obter madeira suficiente para cremar cadáveres em grandes piras, costume que decerto acompanhou a propagação do budismo da Índia para o Tibete. Uma vez consumada a cremação, parentes ou agentes funerários esparzem cerimonialmente as cinzas remanescentes, ou ao vento ou nalgum rio próximo.

Matas oferecem também outras opções. Uma das mais comuns é limpar e amortalhar o corpo em postura fetal, ajeitá-lo num engradado de madeira ou bambu, levá-lo a boa distância da aldeia, na face norte da montanha, alçá-lo com uma corda a galho forte de árvore alta e deixá-lo decompor-se lá. Esse procedimento é prescrito sobretudo para descarte de fetos abortados, mas é geral, por exemplo, na minoria lhoba.

Para arqueólogos, a prática funerária mais antiga do Tibete é a inumação, enterro do corpo amortalhado ou disposto nalgum tipo de urna. Em tempos anteriores à introdução do budismo, até reis chegaram a ser inumados, mas o prestígio do costume decaiu. Atualmente, está quase todo restrito a gente de condição social muito baixa, estrangeiros e vítimas de doenças contagiosas.

Em aldeias situadas junto a correntezas e distantes das áreas do planalto onde se prefira "sepultamento no ar", é muito comum o "sepultamento na água": o agente funerário vai atirando ao rio as partes que desmembra do cadáver. Nesses trechos do rio não se pesca: atribui-se aos peixes o mesmo papel sagrado cumprido pelos abutres. Se o rio passa em desfiladeiro, o costume pode ser o de deixar cair nele, do alto de algum penhasco, o corpo amortalhado e inteiro.

Moradias

A arquitetura tibetana expressa não apenas a realidade econômica e política do povo, mas sobretudo a identidade cultural resultante da fusão de dois sentimentos: o místico e o nacionalista. É estilo, contudo, que passa por visíveis mudanças, não por evolução de gosto, mas por imperativos econômicos: o tradicional é mais caro. Como em todo o mundo, artesãos competentes e baratos também escasseiam no Tibete – onde, porém, a regra excetua especialistas em decoração sacra. Pinturas figurativas de motivo religioso ou floral decoram todos os armários, mesas e pilares duma residência típica.

A mesma religiosidade dos retoques finais preside a construção já nas etapas iniciais do projeto. (Até meados do século passado não se desenhavam plantas: tipicamente, o mestre de obras trabalhava baseado num croqui primário desenhado a carvão numa tábua.) Hoje, entre tibetanos ricos ou remediados que possam construir suas próprias casas, ainda é comum a crença de que lamas e adivinhos devem preceder arquitetos, engenheiros e empreiteiros nas primeiras decisões. Espíritos maus precisam ser aplacados com oferendas e recitação de sutras e mantras.

Astrólogo e algum vidente precisam aprovar a escolha do terreno e, nele, o ponto em que deverá ter início a escavação para assentamento do alicerce. Operários incumbidos dessa etapa deverão ser todos do mesmo signo zodiacal. Ao longo da construção, convirá que o dono vá embutindo na estrutura outras dádivas que os espíritos valorizem, como objetos de arte em jade, lápis-lazúli ou turquesa. Assentamento de pilares e construção do teto requerem ainda outros ritos. Retoque tradicional do teto é o par de vasos na linha da beirada, para atrair proteção de um deus celeste e outro subterrâneo. E, terminada a construção, tem-se como necessário convocar mais uma vez algum monge (ou mesmo um grupo deles, se o orçamento comportar) para cerimônias propiciatórias que devem preceder ocupação da casa. Ao todo, o proprietário precisa encomendar pelo menos seis ritos a lamas de algum mosteiro.

Mas a modernidade também avança. Em Lhasa, polo irradiador de tendências futuras, a urbanização modernizadora vem conferindo à cidade crescente feição chinesa. A ampliação de espaços para construções comerciais e residenciais tem requerido demolição de centenas de casas velhas nos últimos 20 anos. Introdução de cimento, aço, vidro e plástico traz consigo também novas possibilidades estéticas e econômicas que vão afetando o caráter arquitetônico tradicional das cidades tibetanas. Embora sejam estruturas de concreto, conjuntos de apartamentos podem receber toques de acabamento sugestivos de estilo tibetano tradicional, como janelas de contorno trapezoide e falsos cachorros (simulando extremidades de viga de sustentação projetadas da linha do teto).

Economia de mercado substitui hoje, com diferenças correspondentes, o desnível econômico que havia entre nobreza e plebe tibetanas. Negociantes e administradores bem-sucedidos podem ter habitações inacessíveis à maioria, e ainda há pequenas favelas e mendigos em Lhasa. Contudo, o padrão habitacional da maioria assalariada tem feito evidente progresso.

Moradias de áreas rurais têm quintal e algum tipo de estábulo ou redil, bem como barracão para ferramentas e forragem. Alternativamente, é comum que a casa tenha dois andares, o de cima para aposentos, o de baixo para cozinha e para acomodar animais de criação. Terceiro andar, quando há, serve para ritos religiosos e/ou depósito de cereais.

No vale do Yarlung e outras áreas mais próximas de florestas, predominam casas de madeira (embora recentes medidas conservacionistas venham limitando o abate de árvores). As partes da estrutura se conectam apenas por encaixe e alguns poucos pinos e trambelhos de madeira dura; nenhum prego, nenhum parafuso. Mesmo assim, algumas dessas moradias têm resistido a terremotos e à desagregadora passagem dos séculos. Ferramentas elétricas começam a impor-se, mas ainda se constrói muita casa dessas apenas com serrotes e outras ferramentas manuais.

Grande parte da população tibetana vive em tendas pelo menos parte do ano. Tipicamente, são nômades que passam os meses frios em casas rústicas, mas que no resto do ano vão pastorear em áreas de engorda seus rebanhos de iaques, cabras e carneiros. (Essa indefinição residencial atiça a controvérsia antropológica quanto a conceitos de nomadismo, transumância e pastoralismo; mas no uso comum do termo, adotado aqui, são *nômades* todos os grupos e sociedades não exclusivamente sedentários.)

A modernização já alcançou também a minguante população nômade do Tibete. Por necessidade ou *status*, e favorecido pelas reformas capitalistas dos últimos trinta anos, o nômade pode trocar o cavalo pela motocicleta, não apenas para uso social e compras na localidade mais próxima, mas até para pastoreio. Hoje ele pode ainda eletrificar a tenda com bateria recarregável por painel solar, capaz de gerar energia suficiente para iluminação mortiça, e, em alguns casos, até para TV.

"Paredes" e "teto" duma tenda típica de 20 metros quadrados de área e dois de altura máxima requerem cerca de cem quilos de feltro obtido de *dziba,* pelo grosseiro que resguarda a barriga do iaque. (Em contraste, do pelo fino do pescoço, *kulu,* se pode obter lã de qualidade comparável à da caxemira.) Mulheres fiam *dziba* em fusos, com ajuda masculina, e tecem tiras desse fio em teares igualmente manuais e rudimentares. Em geral, homens nômades não colaboram com suas mulheres em fiação e tecelagem, mas fazem exceção quando se trata de construir ou reparar sua tenda.

A modernização da tenda não mudou por igual a vida que o nômade leva no interior dela. Não há mesa nem cadeira. Peles de cabra e carneiro atapetam o chão; um dos cobertores é o casaco longo usado de dia. Água, só para beber e cozinhar. Exceto nas cidades, a maioria dos tibetanos limita seus banhos a esporádicas abluções cerimoniais durante festivais religiosos de verão. Muitos passam a vida sem jamais ter ensaboado o corpo.

Tipicamente, a área à esquerda de quem entra na tenda cabe à mulher, suas crianças, mantimentos e trastes. O marido ocupa o lado oposto, com suas armas, roda de oração, instrumentos de trabalho, talvez bateria realimentada por painel solar. Ao fundo, no mesmo lado, oratório com amuletos e ídolos budistas, afora, como é comum, proscrita fotografia do dalai-lama 14.

No centro se constrói fogão de barro abastecido a estrume seco, que contém elevado teor de fibra vegetal incompletamente digerida. Fumaça oleosa desprendida pelo estrume traz a vantagem de melhorar a impermeabilidade da lona. O braseiro aquece a tenda dia e noite, mas serve sobretudo para manter quente o *botcha,* chá verde com sal e manteiga do qual todo nômade pode tomar 30-40 tigelinhas por dia. Talvez por sua importância, esse fogareiro é tido como sagrado. Leite, gordura ou carne que nele caiam ofendem espíritos que precisam ser aplacados com imediata queima, ali, de ramos de zimbro.

Trabalhando em conjunto, a família toda leva menos de meio dia para desmontar uma tenda, acomodar cada metade num iaque e depois carregar outros animais com roupas e a parafernália restante que guarnece a moradia. Como em geral a caminhada ao lugar de destino leva 3-4 horas, a mudança toda pode completar-se antes do cair da noite. (Frio e dias curtos impossibilitam mudança durante o inverno.)

Mas a tenda nômade, junto com esse modo de vida, parece encaminhar-se para a extinção. Antes da revolução comunista, as pastagens não eram públicas nem pertenciam aos nômades, e sim a mosteiro ou a senhor, este em geral da nobreza. O arrendamento era hereditário: filhos do locatário tinham o mesmo compromisso do pai se quisessem permanecer na propriedade.

Em caso de atraso no pagamento do aluguel, a dívida também passava aos filhos e netos do nômade, acrescida de juros. A condição do nômade típico, portanto, não diferia muito da do servo lavrador. Hoje, o nômade está isento de taxas pelo uso das terras, mas condições naturais e necessidades políticas poderão impor-lhe mudanças que irão abranger as de moradia.

Por vontade própria, ou compelidas pelo governo chinês, muitas famílias nômades têm trocado a tenda por habitações permanentes. O governo justifica a mudança com necessidades de preservação ambiental. Por isso, planeja radicar em diferentes localidades centenas de milhares de pessoas de vida nômade. O plano abrange objetivo de dar a famílias transferidas os necessários meios de adaptação social e econômica. Mas tal mudança envolve dificuldades como a da escassez de combustível. Fornos solares subsidiados, que o programa oficial oferece, apenas minoram, não resolvem, a carência de lenha e esterco seco progressivamente escassos.

A conversão do nômade em pecuarista e lavrador sedentário irá impor-lhe adaptação a novo padrão residencial. O governo replica com vantagens como acesso a escolas e, para mulheres, oportunidades profissionais mais compensadoras que a rotina diária de ordenha, coleta de esterco e afazeres domésticos. E espera que a nova geração, se não esta, cresça adaptada à cultura de residência fixa.

A Fé Que Rodeia Montanhas

Procissão de milhares de peregrinos e outros devotos percorre toda manhã ruas de Lhasa que rodeiam o Potala. Durante três de seus quase 14 séculos de acidentada história, até 1959, essa magnífica construção, hoje restaurada como templo e museu, foi palácio de inverno dos dalai-lamas. Alguns penitentes entremeiam a marcha com prostrações: param, retesam o corpo de bruços no chão, testa em contato com o solo, braços estendidos à frente, murmuram mantras e se erguem para continuar o ladário que talvez repitam durante horas. Todos se detêm defronte ao Potala, para mais reverências, prostrações e mantras.

Circundamento ritual de templos e sítios sagrados (*kora*, rito sobre o qual há mais informação adiante) é costume religioso em muitas partes do Tibete. Adeptos do budismo tibetano marcham no sentido dos ponteiros do relógio; isto é, com o objeto da veneração à direita. Seguidores do bon, ordem religiosa com raiz em crenças nativas pré-budistas, circundam lugares sacros em sentido anti-horário.

Já a visita oficial guiada ao Potala desconsidera o circundamento e começa pelo calabouço no sopé da fachada do palácio. Ali, antes da revolução comunista, suspeitos e condenados eram sujeitos a torturas inquisitivas ou punitivas: flagelação, amputações (mão, pé, nariz, orelha), desarticulação e uma técnica singularmente tibetana, enucleação dos olhos, seguida de cauterização das órbitas vazias com óleo fervente. A intenção da mostra é suscitar inevitável pergunta: como justificar tais horrores no porão do palácio de supostamente compassivos dalai-lamas?

O resto do Potala, contudo, exibe outra contradição da teocracia budista do Tibete: opulência da elite religiosa em contraste com a miséria do povo. O Centro de Informação China Tibete calcula que se empregaram quatro toneladas de ouro só na estupa da múmia do dalai-lama 5º (1617-82), construída em 1691. Ainda segundo o CICT, 18.677 pérolas, diamantes, rubis, safiras e peças de coral, âmbar e ágata decoram essa estrutura de sândalo revestida de ouro, que trespassa três andares com seus 15 metros de altura.

Estima-se também que, em comparação, apenas uns 600 quilos de ouro se incorporam à estupa do dalai-lama 13 (1876--1933). Em compensação, incrustações de gemas e pérolas a tornam muito mais valiosa. Somente na mandala tridimensional que a defronta se estima haver cerca de 200 mil pérolas, afora diamantes e outras gemas que totalizam cerca de 40 mil engastes preciosos, se contados também os de coral, turquesa, ágata e âmbar.

Ouro e prata, afora milhares de gemas, também ornamentam no Potala mais de 10 mil ídolos e seus nichos, o trono do dalai-lama, vasilhas e incontáveis outros utensílios de seu uso pessoal, cerimonial e oficial. Intrigante objeto ritual é a *kapala,* taça formada pela calota dum crânio humano, mas em geral decorada com valiosos requintes de ourivesaria; era usada em celebrações secretas nas quais o lama oficiante bebia dela certas poções mágicas e inebriantes. Também preciosos, noutros sentidos, são os mais de 200 mil livros sobre budismo, história, medicina, magia, astrologia e variados outros assuntos.

Kora Animista

Segundo a teoria budista do carma ("ação", "conduta") os atos de cada pessoa terão fatal retribuição, benéfica ou maléfica, na vida futura que lhe couber ao reencarnar. Com penitência de circundamento, a pessoa busca mérito que a eleve rumo à libertação da *samsara*, o ciclo de reencarnações a que todo ser humano nasce aprisionado. Muitos também esperam, com a penitência, induzir divindades e espíritos a lhes aliviar adversidades mundanas como atribulações familiares, doenças, agruras financeiras e outras vicissitudes.

Alguns dos percursos de *kora* cobrem quilômetros a serem cumpridos pelo peregrino com estoica indiferença pelas condições do caminho; neve ou lama gelada, por exemplo, não justificam hesitação em prostrar-se. Devotos analfabetos podem acrescentar às costas quilos de escrituras sagradas, fiados na crença de que circundamento com essa sobrecarga equivale ao mérito de as haver lido.

Segundo antigas crenças animistas, certas montanhas e seus lagos adjacentes incorporam divindades que o fiel busca propiciar pela penitência do circundamento e outras práticas rituais: queima de zimbro; recitação simbólica de mantras e preces; giro de rodas de orações; inscrição de frases ou textos sagrados em lápides empilhadas; e com bandeirolas de pano coloridas que ele deverá estender em varais na esperança de que o vento "leia" para os deuses as orações impressas nelas.

Um dos mais concorridos circundamentos rituais no Tibete é o do lago Manasarovar. Para hindus que também afluem ali, o Manasarovar simboliza *yoni* ("vulva"), enquanto o piramidal Monte Kailash, uns 20 quilômetros à sua frente, representa o *lingam*, este o elemento fálico da mesma dualidade mística *yang-yin* da filosofia taoísta.

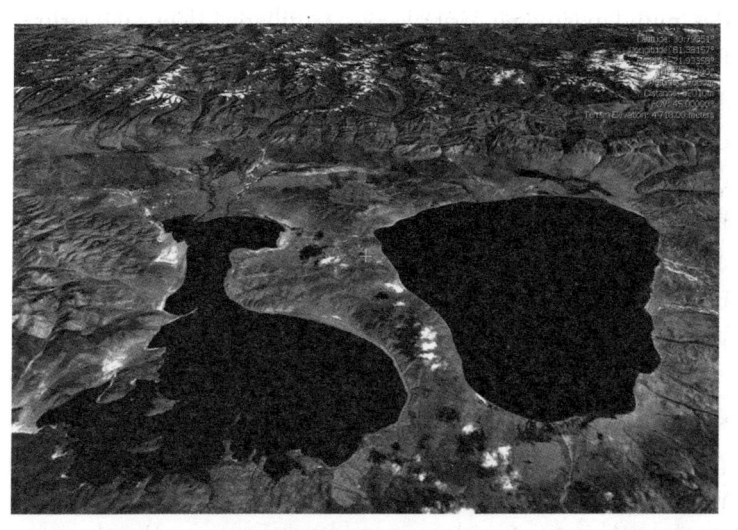

O lago santo Manasarovar (à direita) e o lago maldito Rakshastal (que tibetanos acreditam ser povoado por demônios antropófagos), em foto do satélite Landsat 7. Ao fundo, com a proeminência deformada pelo ângulo da foto, o monte Kailash.

O circundamento do lago compreende percurso pedregoso e traiçoeiro de 70-100 quilômetros (há muitas e sinuosas variantes), 4-5 dias de marcha e acampamento em atmosfera rarefeita. Não se conhece o número certo de devotos que morreram sem completar o circuito, por enregelamento, por escorregões fatais no gelo ou ainda por algum dos efeitos mortíferos da altitude, que em certos trechos ultrapassa 5 mil metros. No verão, em questão de horas, a temperatura pode cair dos 40 graus do meio-dia a menos de zero no avanço da noite. Há quem se contente com a alternativa, tida como válida, de comprar metade do crédito espiritual gerado pelo circundamento cumprido por outra pessoa.

Fala-se de gente audaz ter feito circundamento ritual do Manasarovar e do monte Kailash na mesma temporada. Mas, embora apenas estreito istmo separe o Manasarovar do Raksas Tal (que tibetanos chamam de Langak Tso, "Lago do Diabo"), não se sabe de ninguém que haja circundado os dois. É que tibetanos e peregrinos estrangeiros acreditam viver, incorporada à água salgada do Raksas Tal, enganosamente límpida e sedutora, uma classe de demônios antropófagos.

Para budistas tibetanos, *kora* do Kailash homenageia Demchog (em sânscrito, Chakrasamvara) e sua consorte, Dorje Phagmo (Vajravarahi), deuses residentes no pico. Para bonistas ortodoxos, porém, a suástica anti-horária (卐) que eles apontam como evidente na face sul, atesta ser o Tise (como eles chamam o Kailash), a morada da deusa celeste Sipaimen. Para peregrinos hindus, quem reside no topo do Kailash – para eles, monte Meru – é Shiva, um dos deuses da trindade hinduísta. Já fiéis jainistas vão ao que chamam de monte Ashtapada reverenciar o espírito de Rishabanatha, fundador do jainismo.

Bon e o Budismo Tibetano

Séculos antes da introdução do budismo no Tibete, a religião nativa era o bon ("verdade"), ou *yungdrung bon* ("verdade eterna"), que subsiste hoje com variável influência do budismo na teologia, liturgia e organização de suas seitas. Conceitos de reencarnação, carma e nirvana, adotados sobretudo pelo *bon sarma* ("novo bon") provieram do budismo tibetano. Muitas de suas divindades são representadas hoje com atributos semelhantes aos vistos na profusão de deuses do budismo tibetano. Estima-se que adeptos do bon representem uns 10% da etnia tibetana, seja na Região Autônoma do Tibete, seja em províncias e outras áreas fronteiriças. Os dados são imprecisos, sobretudo pela impossibilidade prática de se deslindar o sincretismo do bon com o budismo e com tradições místicas locais.

Bon parece ter sido, na origem, corpo de crenças animistas que baseavam práticas de magia oficiadas por xamãs e lamas.

Muitas delas estão consolidadas hoje num cânone que codifica rituais, temas metafísicos, princípios lógicos, preceitos éticos, prescrições de medicina e farmácia, fundamentos de astrologia e técnicas de adivinhação e propiciação de espíritos e divindades. Segundo a tradição, quem fundou o bon foi Tonpa Shenrab, que desceu do céu há 18 mil anos como cuco, para depois penetrar espiritualmente o útero de sua mãe.

Conflitos de sangrenta ferocidade com o budismo quase erradicaram o bon a partir do século 8, quando o rei tibetano Trison Detsun (742-76) oficializou a doutrina vairaiana, derivada da escola maaiana do budismo indiano. Hiato na história do bon entre os séculos 8 e 11 mostra provável efeito da repressão sofrida. Mas, embora escorraçado para os confins do Tibete, o bon ressurgiu, e hoje se equipara em *status* (embora não em poder e influência) às quatro ordens budistas do mosaico religioso tibetano. De seu lado, o budismo adotado no Tibete difere muito, em doutrina e ritos, do budismo original da Índia (onde está hoje quase extinto) e do instituído na China, Tailândia, Indonésia, Coreia e outros lugares da Ásia.

Há muita controvérsia sobre o extraordinário fenômeno da substituição do bon pelo budismo ativamente buscado na Índia pelo rei Trison Detsun. Antes dele, o rei Songsten Gambo chegara a construir em Lhasa o primeiro templo budista do Tibete, o Jokhang. Mas, antes da campanha repressiva de Trison Detsun, a maioria do povo tendia a rejeitar o credo estrangeiro, mesmo adaptado a preferências populares como politeísmo, carne na dieta e magia. (O budismo indiano original era ateu, vegetariano e não professava crença em espíritos.)

Na motivação dos reis que patrocinaram o budismo podem ter preponderado interesses econômicos e políticos. O bon prescreve sacrifícios propiciatórios de animais em muitos eventos e cerimônias: contratos, preparação e colheita de lavouras, casamentos etc. Como o número de animais sacrificados expressa o *status* econômico do devoto, a competição por prestígio chegava a literais hecatombes, com milhares de animais sacrificados por criadores todo ano. A prática afetava negativamente a coleta de impostos, baseada numa parcela dos rebanhos. Outro interesse econômico era o controle de rotas comerciais terrestres, muitas delas exploradas lucrativamente por reis e chefes bonistas.

Mas o budismo oferecia ainda aos governantes vital vantagem política: as teorias do carma e da reencarnação. Sentido essencial dessas teorias é que vicissitudes desta vida são justo corretivo para desvios da retidão religiosa cometidos na encarnação anterior. Mensagem implícita: conforme-se (e não culpe o governo).

O bon não aceitaria sem resistência, porém, que o deslocassem do domínio que exercia sobre as massas. Dois ministros bonistas assassinaram outro rei patrocinador do budismo, Ralpachen (806-38), e entronizaram um dos irmãos dele, Langdarma (803-42). Este, bonista fervoroso, promoveu brutal "contrarreforma", com destruição de templos e perseguição de monges budistas, até que um desses o assassinou a punhaladas. Subsequente guerra civil de disputa sucessória fragmentou o império tibetano em feudos por mais de três séculos, até 1253, quando o imperador mongol Kublai Khan outorgou a governança de todo o Tibete ao lama Phagba (1235-80), da ordem budista Sakyapa. O evento marcou o triunfo político do budismo tibetano.

O Nacionalismo Tibetano

Na questão política do Tibete colidem três proposições, duas delas defendidas pelo sentimento nacionalista de muitos tibetanos, provavelmente a maioria deles. Os mais idealistas, inclusive, sobretudo, a segunda geração de exilados, postulam nada menos que independência. Argumentam que, afinal, o povo tibetano tem identidade distinta, com língua, escrita, tradições e religião próprias. Figuram entre esses irredentistas os que julgam possível chegar à independência pela via da guerra civil e pela estratégia da guerrilha.

Já a linha moderada, proposta pelo dalai-lama, reconhece soberania chinesa sobre o Tibete, mas pleiteia "genuína autonomia", a ser detalhada em negociações. O Tibete seria regido por parlamento livremente eleito, reservada ao dalai-lama função política meramente protocolar e honorífica, afora a liderança espiritual da tradição lamaísta.

O governo chinês condena e reprime com energia todas as exortações a secessão e insurreição, com o simples argumento de que nenhum governo responsável tolera separatismo, sobretudo se baseado no incitamento à insubordinação armada. Em resposta ao argumento de identidade nacional, o governo central argumenta que a China é um Estado multiétnico; isto é, atribui iguais direitos e deveres a todos os seus cidadãos, sem distinção de raça, língua, história ou religião. Admite tais diferenças, mas não as reconhece como justificativa de secessão.

Argumenta ainda que, quanto à multietnia, a China está na mesma categoria de Alemanha, Austrália, Brasil, Canadá, Espanha, Estados Unidos, França, Índia, Inglaterra, Itália, Rússia e tantos outros países. Reconhece diferença apenas na maior diversidade do mosaico étnico e em número médio de pessoas abrangido em cada etnia. Diplomatas chineses opinam que em cada um desses países, como em tantos outros, a proscrição de separatismos pelo governo tem sido essencialmente igual à da China, com o governo central refratário quanto aos pacíficos e repressor enérgico dos que se manifestam por agitações e intentonas.

Quanto à proposta de autonomia pelo dalai-lama, Pequim também a tem rejeitado sem nenhuma concessão. Apesar de já haver acolhido representantes do dalai-lama em oito rodadas de negociações, o governo chinês não admite discutir nada além das condições em que permitiria ao dalai-lama retornar à China (e não necessariamente ao Tibete). Nunca admitiu considerar a autonomia proposta pelo dalai-lama.

Reservadamente, funcionários chineses especificam alguns pontos inaceitáveis das pretensões do dalai-lama: 1) sua aura de guru nacional determinaria a composição de qualquer hipotético parlamento tibetano: ele governaria mesmo sem mandatos; 2) embora tolere hoje liberdade de culto no Tibete, a revolução chinesa ainda não se esgotou, pelo que o Partido Comunista deverá perseverar em seus objetivos de promover ali modernização, desenvolvimento econômico (com exploração de recursos minerais e outros de que dispõe no Tibete), educação universal, igualdade plena de direitos da mulher e prevalecimento da ciência sobre a superstição em todas as áreas.

Além desses rechaços, altos quadros do Partido Comunista chinês repudiam depreciativamente outra pretensão tibetana: a de extensão de autonomia, ou qualquer outro *status* privilegiado, a tibetanos que vivem noutras províncias vizinhas e que comporiam, com os da atual Região Autônoma do Tibete, nostálgico "Grande Tibete". De fato, em seu apogeu, o império tibetano abrangia duas províncias, Amdo e Kham, que o império chinês anexou no século 18, e redividiu em cinco outras (hoje quatro). Para lá migraram desde então chineses de muitas outras procedências. Em números estimativos, essa é a composição demográfica atual dessas províncias:

PROVÍNCIA	TIBETANOS		HAN		OUTRAS ETNIAS		TOTAL
	milhões	%	milhões	%	milhões	%	milhões
Gansu	0,3	2	23,8	91	1,8	7	25,9
Qinghai	1,2	23	2,7	54	1,2	23	5,1
Sichuan	1,3	1,5	82,9	95	3,1	3,5	87,3
Yunnan	0,2	0,5	29,6	67	14,3	32,5	44,1

A discussão se torna ainda mais bizantinamente opaca quando se estende a argumentos jurídicos e históricos dos dois lados. Acima da possível validade de cada proposição, duma e doutra parte, a situação pode ser comparada, em termos de *realpolitik*, à da fábula do lobo e do cordeiro: o Tibete é província chinesa porque falta a opositores do *status quo,* tanto internos quanto externos, poder militar ou econômico, ou mesmo disposição sincera e coerente de alterá-lo.

Nenhum país jamais reconheceu o Tibete como Estado soberano, pelo que lhe falta qualificação legal para arguir seu caso no foro da Organização das Nações Unidas. O Congresso e o governo dos Estados Unidos têm homenageado e subsidiado o dalai-lama, mas desconversam quando incitados a explícito confronto diplomático ou econômico com o governo chinês, muito menos militar, em favor de pretensões dos exilados.

Patrick French, escritor e historiador inglês que na juventude militou em favor da independência do Tibete, tem hoje outra posição. Em artigo escrito dias após as furiosas manifestações de março de 2008, ele indica ter chegado a ela em razão duma conversa tida, uns dez anos antes, com Namdrub, nômade veterano da guerrilha dos anos 1960. Quando French lhe pediu opinião sobre a linha dura da comunidade de exilados, Namdrub respondeu: "Pode levá-los a sentir-se bem, mas torna a vida mais difícil para nós [*que vivemos no Tibete*]. Leva os chineses a criarem mais controles sobre nós. O Tibete é tão importante para os comunistas que eles sequer discutirão sua independência".

No mesmo artigo, French reforça sua discordância: "A pergunta que Nancy Pelosi [presidenta da Casa de Representantes (deputados) dos EUA e simpatizante do dalai-lama] e celebridades militantes, como Richard Gere, deveriam responder é esta: as ações do *lobby* ocidental pró-Tibete nos últimos 20 anos trouxeram algum único benefício aos tibetanos que vivem dentro do Tibete? Se não, por que continuar uma estratégia fracassada?".

A referência explícita e discriminatória a "tibetanos que vivem dentro do Tibete" insinua que os únicos beneficiários da campanha têm sido os exilados que a promovem, entre os quais todos aqueles que talvez aspirem à restauração de privilégios perdidos por suas famílias e seitas no vendaval da revolução comunista. A qual, reiteram seus continuadores, ainda não completou sua passagem.

Bibliografia

Beall, Cynthia M. *et al.*, *Hemoglobin Concentration of High Altitude Tibetans and Bolivian Aymara*. Cleveland: Case Western Reserve University, 1998.

Chen Qingying, *The System of the Dalai Lama Reincarnation*. China Intercontinental Press, 2005.

Chen Qingying, *Tibetan History*. China Intercontinental Press, 2003.

Dung-dkar blo-bzang 'phrim-las, *The Merging of Religious and Secular Rule in Tibet*. Beijing: Foreign Languages Press, 1991.

French, Patrick, *Tibet, Tibet: A Personal History of a Lost Land*. New York: Knopf, 2003.

Ga Zangjia, *Tibetan Religions*. China Intercontinental Press, 2003.

Goldstein, Melvyn C., *A History of Modern Tibet, 1913-1951*. Berkeley, CA: University of California Press, 2007.

Goldstein, Melvyn C., "The Dalai Lama's Dilemma", *Foreign Affairs*, jan/feb 1998.

Goldstein, Melvyn C., *The Snow Lion and the Dragon: China, Tibet and the Dalai Lama*. Berkeley, CA: University of California Press, 1997.

Grunfeld, A. Tom, *The Making of Modern Tibet*. Armonk, 1996.

Hu Tan (org.), *Theses on Tibetology in China*. China Tibetology Publishing House, 1991.

Iyer, Pico, *The Open Road: The Global Journey of the Fourteenth Dalai Lama*. New York: Vintage Books, 2008.

Jimmei, Apei Awang, "When Did Tibet Come Within the Sovereignty of China?". *Bulletin of the History of the Tibet Communist Party*, vol. 3, 1988.

Kapstein, Matthew T., *The Tibetans*. London: Blackwell, 2008.

Knaus, John Kenneth, *Orphans of the Cold War: America and the Tibetan Struggle for Survival*. Public Affairs, 2000.

Laird, Thomas, *The Story of Tibet: Conversations with the Dalai Lama*. New York: Grove Press, 2007.

Lopez Jr., Donald S. (org.) *Prisoners of Shangri-La: Tibetan*

Buddhism and the West. Chicago: The University of Chicago Press, 1999.

Lopez Jr., Donald S. (org.), *Religions of Tibet in Practice*. Princeton, NJ: Princeton University Press, 1997.

Martens, Elisabeth, *Histoire du Bouddhisme Tibétain : La Compassion des Puissants*. Paris: L'Harmattan, 2007.

Oficina de Información del Gobierno Popular de la Región Autónoma de Tíbet, *Reservas Naturales del Tíbet de China*. Editorial Intercontinental de China, 2003.

Shu Zhisheng (org.), *Tibet: Past and Present*. SDX Joint Publishing Company, 2008.

Trimondi, Victor, e Trimondi, Victoria, *Der Schatten des Dalai Lama. Sexualität, Magie und Politik im tibetischen Buddhismus*. Patmos Verlagsgruppe, 1999.

Yang Qinye e Zheng Du, *Geographie Tibets*. China Intercontinental Press, 2002.

Zhang Xiaoming, *Eyewitnesses to 100 Years of Tibet*. China Intercontinental Press, 2005.

Agradecimentos

Sou especialmente grato a meus intérpretes e guias, Ye Juan, do *Bureau* de Informação do Conselho de Estado; Liu Peng, vice-diretor do *Bureau* de Cooperação e Intercâmbio Internacional da Universidade de Estudos Estrangeiros de Pequim; Shi-Ping, vice-chefe da Divisão do *Bureau* de Informação na Região Autônoma do Tibete; Hao Ruihua, professora na Universidade de Estudos Estrangeiros de Pequim; e Wang Huazhong, tradutor da Universidade de Estudos Estrangeiros de Pequim.

Também agradeço aos seguintes especialistas (listados pela ordem cronológica dos encontros) o tempo que acharam para me atender em entrevistas: Lian Xiangmin, diretor do *Bureau* de Administração de Pesquisa Científica, Centro de Pesquisa de Tibetologia da China; Liu Hongji, professor do Centro de Pesquisa de Tibetologia da China; Zhou Yuan, diretor e pesquisador do Instituto de Estudos de História do Centro de Pesquisa de Tibetologia da China; Jia Muyang, Ning Jie assistente-chefe do abade do templo Lama Yong He Gong; Tsering Thar, deão da Escola de Estudos Tibetanos da Universidade Central de Nacionalidades Étnicas; Tu Deng Peng Cuo, professor da Escola de Estudos Tibetanos da Universidade Central de Nacionalidades Étnicas; Du Lin, secretário da Escola de Estudos Tibetanos do Partido Comunista; Zhou Runnian, professor da Escola de Estudos Tibetanos da Universidade Central de Nacionalidades Étnicas; Zeng Guoqing, professor da Escola de Estudos Tibetanos da Universidade Central de Nacionalidades Étnicas; NagTsang Janpa Ngawang, Buda Vivo, vice-presidente do Instituto Superior de Budismo em Língua Tibetana; Zhuo ZangCang, Buda Vivo, vice-diretor-geral do Departamento de Pesquisa do Instituto Superior de Budismo em Língua Tibetana; Nu Mu, vice-presidente do Instituto de Arte Tibetana; Dan Zeng Ci Ren, ex-presidente do Instituto de Arte Tibetana e especialista em dança tibetana; Argpei Jinyuan, vice-diretor-geral da Comissão Regional de Assuntos Étnicos e Religiosos do Tibete; Xiang Qiu Ci Wang, diretor da Seção de Religião da Comissão Regional de Assuntos Étnicos e Religiosos do Tibete; Yi Su, pesquisador dos Arquivos Tibetanos; Duo Bujie, agricultor na vila Ga Ba da unidade administrativa de Na Jin, Tibete; Tonga, vice-secretário-geral da Comissão Representativa do Congresso Popular da Região Autônoma do Tibete; Zhang Yongze, diretor-geral do Bureau de Proteção Ambiental da Região Autônoma do Tibete; Argwang Domjue, diretor da Comissão de Administração Democrática do mosteiro Drepung; Argwang Chunpei, vice-diretor da Comissão de Administração Democrática do mosteiro Drepung; Argwang Chuidrak, lama do mosteiro Drepung.

Sobre o Autor

Aldo Pereira é jornalista, autor e tradutor. A par do exercício de vários cargos e funções em jornais (*Folha de S.Paulo* e *O Estado de S. Paulo*, entre outros) e revistas (*Visão, Direção*) interessou-se pelo jornalismo orientado para mediação entre a cultura acadêmica e o mundo dos que aplicam o saber na atividade cotidiana. Daí ter passado a maior parte da carreira escrevendo artigos de divulgação científica e artística (mais de mil) para enciclopédias e obras similares de editoras como Abril Cultural, Globo e Melhoramentos.

Em colaboração com sua mulher, a educadora Virgínia Balau, tem produzido material pedagógico e didático para professores e alunos do Ensino Fundamental nas áreas de alfabetização e ensino da Língua Portuguesa.

É colaborador especial da *Folha de S.Paulo*.

© 2009 Publifolha – Divisão de Publicações da Empresa Folha da Manhã S.A.

Todos os direitos reservados. Nenhuma parte desta publicação pode ser reproduzida, arquivada ou transmitida de nenhuma forma ou por nenhum meio sem a permissão expressa e por escrito da Publifolha — Divisão de Publicações da Empresa Folha da Manhã S.A.

Editor *Arthur Nestrovski*
Editor-assistente *Thiago Blumenthal*
Coordenação de produção gráfica *Soraia Pauli Scarpa*
Assistente de produção gráfica *Mariana Metidieri*
Capa e projeto gráfico *Rita da Costa Aguiar*
Editoração Eletrônica *Halinni Garcia*
Revisão *Luciana Lima e Ricardo Miyake*
Imagens: Capa *Palácio de Potala*/ © *Getty*
Página 57 © *Apple*
Página 81 © *Nasa*

Dados Internacionais de Catalogação na Publicação (CIP)
(Câmara Brasileira do Livro, SP, Brasil)

Pereira, Aldo
  Brumas do Tibete / Aldo Pereira.
— São Paulo : Publifolha, 2009. — (Série 21)

ISBN 978-85-7914-088-4

1. Pereira, Aldo 2. Repórteres e reportagens
3. Tibete (China) - Descrição e viagens
4. Viagens - Narrativas pessoais I. Título. II. Série.

09-05877   CDD-915.1

Índice para catálogo sistemático:
1. Tibete : China : Descrição e viagens 915.1

A grafia deste livro segue as regras do **Novo Acordo Ortográfico da Língua Portuguesa**.

PUBLIFOLHA

Divisão de Publicações do Grupo Folha
Al. Barão de Limeira, 401, 6º andar
CEP 01202-900, São Paulo, SP
Tel.: (11) 3224-2186/2187/2197
www.publifolha.com.br

Este livro foi composto nas fontes Fairfield
e The Sans e impresso pela Corprint em junho
de 2009, sobre papel Chamois Bulk Dunas 90g/m².